아직도 당신의 머릿속에는 부모가 산다

MUISHIKI NO SUGOI MIERUKA
© Koji Hashigai 2021

Korean translation copyright © 2022 Gilbut publishing Co., Ltd.
First published in Japan in 2021 by KADOKAWA CORPORATION, Tokyo.
Korean translation rights arranged with KADOKAWA CORPORATION, Tokyo
through AMO AGENCY

세상의 모든 자식을 위한 홀로서기 심리학

아직도 당신의 머릿속에는
부모가 산다

하시가이 고지 지음

황초롱 옮김

더퀘스트

머리말

현실에서 부모와 갈등이 없어도
머릿속 부모에게는 휘둘릴 수 있다

"아버지와 어머니는 당신에게 어떤 존재입니까?"

대답하기 어렵나요? 안심하세요. 이 질문에 쉽게 대답하는 사람은 거의 없습니다. 대부분의 사람에게 부모란 태어날 때부터 당연히 옆에 있는 존재입니다. 그래서일까요. 너무 오랫동안 같이 지내익숙해진 나머지 부모라는 존재를 크게 의식하지 않고 지내는 경우가 많습니다. 그래서 '부모를 어떻게 생각하는지'와 같은 질문에 "그런 거 생각해본 적 없어"라고 대답하는 것이지요.

저는 약 30년 동안 사람들의 마음 훈련을 돕는 상담심리사로 활동해왔습니다. '일이 잘 안 풀린다' '돈 버는 게 생각만큼 쉽지 않다' '인간관계에 지쳤다' '병이 잘 안 낫는다' 등 심각한 고민을 안

고 있는 약 8만 명을 만났습니다. 그러던 어느 날 그들에게 '부모'라
는 공통점이 있다는 사실을 깨달았습니다.

저를 찾아온 사람들에게 앞의 질문을 던지면 대부분이 뜨끔하거
나 거북한 표정을 짓기도 하고 때로는 불안한 듯 안절부절못하기
시작합니다. 그러면 저는 '이 사람도 부모와 무슨 일이 있었던 걸
까' 하고 생각하며 부모에 관해 계속 질문합니다.

"어릴 때 부모에게 들은 말 중 기억나는 게 있나요?"
"부모와 있었던 일 중 인상적인 기억은요?"

그리고 그 사람이 기억을 더듬어 부모의 이야기를 들려주기 시
작하면 곧바로 근본적인 원인이 드러납니다.

"저희 부모는 ○○가 입버릇이었어요. 기분이 안 좋을 때면 자주 ○
○라는 불쾌한 말을 했어요."
"바로 그겁니다! 부모를 통해 생긴 가치관이 당신을 힘들게 하는 녀
석의 정체예요!"

바로 어릴 때 겪은 부모의 말과 행동 그리고 그 기억 때문에 고정

된 믿음, '머릿속 부모'가 자리 잡고 있는 것입니다.

저는 한 사람의 배경에 있는 말과 전제, 신념, 사고를 바꾸고, 나아가 잠들어 있는 능력을 발휘할 수 있게 합니다. 그 과정에서 머릿속 부모는 반드시 밝혀내야 할 존재지요. 그러나 내담자는 머릿속 부모가 존재한다는 말을 들으면 어리둥절해합니다.

"너무 과장하시는 것 같은데요. 저는 부모랑 사이가 안 좋은 것도 아니고요. 학대받은 적도 없어요."

이렇게 황급히 부정하는 사람도 있습니다. 하지만 저는 정신적인 학대를 받았다고 진단하려는 것이 아닙니다. 어른이 되고 나서 어린 시절 받은 학대로 인한 상처가 아물지 않은 사람이 아니더라도, 자기 안의 '부모를 향한 응어리'를 풀지 못한 채로 있다면 이를 풀어야 현재 직면한 문제를 해결할 수 있다고 말하려는 것입니다.

고민을 해결하러 저를 찾아온 사람들에게 어릴 적 기억 속 부모의 이미지가 어땠는지 물어보면 얼굴에 으레 형용할 수 없는 무력감과 쓸쓸함, 자포자기가 섞인 복잡한 표정이 나타납니다. 그러고 나서는 부모의 이런 모습에 대해 이야기해줍니다. 집에 오자마자 "일이 너무 힘들다" 하며 크게 한숨 쉬던 아버지, 무슨 말을 꺼내기도 전에 "우리 집은 가난해서 안 돼!" 하며 자기 말을 가로막던 어머니, "이제 진짜 집중 안 하면 의대 못 간다"라고 당연한 듯 말하는 아버지, "얘는 나랑 하나도 안 닮았어"라고 딸을 보며 쓴웃음 짓는 어머니…….

모두 부모 자식 사이에 오가는 흔한 대화입니다. 당사자가 말했듯 '대단한 일이 아닌' 것처럼 보입니다. 하지만 그게 바로 함정입니다. 바람직하다고 보긴 어렵지만 학대라고 할 만한 수준은 아니니까, 그런 식으로 모른 척해온 결과가 바로 지금으로 이어지는 것입니다.

뇌는 과거에 느낀 부정적 감정을 온전히 기억하고 있습니다. 그러고는 전혀 바라지 않는 가혹한 인생으로 우리를 인도하려 합니다. 예컨대 "예전에 이런 일에 실패한 적이 있습니다" "이런 힘든 일도 겪었어요"라고 하소연하는 사람이 그와 직결된 문제를 해결해도 금방 똑같은 문제를 마주치는 경우가 있습니다. 저는 그 이유가 '어쩌면 머릿속 부모가 일부러 안 좋은 상황을 만들어서 그런 행동을 하게 부추기는 것이 아닐까?' 하고 생각하게 되었습니다. 그리고 머릿속 부모에 착안해 내담자들의 문제를 깊이 파헤쳐보기로 했습니다. 그러자 거짓말처럼 상황이 순조롭게 풀리기 시작했습니다. 사람들은 일, 사랑, 건강, 돈, 인간관계 등 다양한 고민을 가지고 저를 찾아 오지만 상담을 거듭할수록 거의 모든 고민의 뿌리는 부모라는 사실을 확신하게 됐죠.

저를 방문한 어느 자영업자는 아무리 노력해도 매출이 늘지 않는 것이 고민이었습니다. 그래서 부모에 관한 기억을 거슬러 올라갔더니, 부모가 "돈이 없다, 돈이 모자라다"라는 말을 입버릇처럼 했다는 사실을 떠올렸습니다. 그는 그 말을 들을 때마다 생각했습니다. '이렇게 돈에 휘둘리며 살긴 싫어.' 그런데 몇십 년이 지난 지금, 그는 아버지와 똑같이 돈에 고통받는 지긋지긋한 삶을 살고 있었던 것입니다.

왜 이런 일이 일어났을까요? 이는 뇌가 '소망과 반대로 움직이는' 성가신 성질을 지니고 있기 때문입니다. 그 이유를 설명한 후 남성에게 어떤 사실을 알려주자, 그는 한 달 뒤 "매출이 꾸준히 늘고 있어요!"라는 소식을 전해주었습니다. 자세한 원리는 뒤에서 다루겠습니다만, 이를 아느냐 모르느냐로 인생이 달라진다고 해도 지나친 말이 아닙니다.

'요즘에는 일이 다 안 풀리네……'

'내 인생이 이럴 줄 몰랐는데……'

이렇게 원하는 삶에서 멀어지고 있다고 느낀다면, 분명 당신의 머릿속에도 '소망과 반대로 움직이는' 무언가가 성공을 방해하고 있을 것입니다.

그럼 이제 당신의 머릿속 부모가 무슨 생각을 하고 있는지 살펴볼까요? 뇌는 미지의 영역이지만 다루는 법을 터득하면 든든한 아군이 되어줍니다. 머릿속 부모에게 "지금까지의 방향은 잘못되었어"라고 알려주면 뇌는 당신이 본래 원하던 인생으로 인도해줄 것입니다.

차례

1

똑같은 문제가 반복된다면

인생을 가로막는 존재가 머릿속에 있다

○

어떻게 '난 안 돼'라고
생각하게 됐을까?

미국의 저명한 사회심리학자 클로드 스틸Claude Steele은 선입견으로 생기는 믿음을 심층적으로 연구해서 '고정관념 위협stereotype threat'이라는 개념을 만들었습니다.

스틸은 한 실험에서 학력이 같은 학생들에게 '여성은 수학에 약하다' '흑인은 백인보다 학력이 낮다'라는 사회적 고정관념을 의식하게 했습니다. 그 결과 학생들 중 여성과 흑인의 시험 점수가 떨어졌습니다. 고정관념이 사회적으로 널리 자리 잡고 있으면, 그 내용이 나에게 불합리한 것일지라도 받아들인다는 사실이 확인됐지요.

'나는 아빠를 닮아서 손재주가 없나 봐.'
'직장을 옮기고 싶어도 나는 학력이 낮아서 안 될 거야.'

특히 '포기'에 가까운 감정을 품고 있는 사람은 고정관념 위협에

사로잡혀 앞으로 나아가지 못하는 경우가 많습니다.

◆ 잠재의식의 모양을 만들어주는 틀, 메타무의식

사람의 정신 체계는 계층구조로 이루어져 있습니다. 표면층에는 숫자를 계산하고 문장을 생각하는 등 일상에서 사용하는 '의식conscious'이 있습니다. 그 아래층에는 자거나 멍하니 있을 때 주로 활동하다가 필요할 때만 의식으로 올라오는 '잠재의식subconscious'이 있습니다. 이보다 더 깊은 곳에 지각하기 어려운 심리 상태인 '무의식unconscious'이 있습니다. 저는 이 잠재의식과 무의식 사이에 우리의 모든 것을 제어하는 영역이 있다고 생각하며 이 영역을 '메타무의식meta-unconscious'이라고 부릅니다. 메타무의식은 마음 깊은 곳에서, 보이지 않는 규칙을 만드는 '잠재의식의 그릇'이라고 할 수 있습니다(메타인식mata-awareness 또는 메타인지meta-cognition는 생각에 대한 생각, 즉 자신이 경험하거나 인식하고 있다는 사실을 아는 것을 말한다. 이에 착안해 무의식의 작용이 어떻게 진행되는지 관찰하고 잠재의식을 형성하는 틀을 메타무의식이라 이름 붙인 것으로 보인다― 옮긴이).

원래 스트레스 반응 패턴은 어머니 배 속에 있을 때 형성됩니다.

다른 패턴들은 이를 바탕으로 해서 후천적으로 몸에 학습됩니다. 이것이 메타무의식의 정체입니다. 고정관념, 사고방식 등은 대부분이 메타무의식이 만들어낸 것이지요. 이 책에서는 메타무의식의 유형 열두 가지를 다루겠습니다.

인생을 결정하는
열두 가지 생각의 틀

만약 인생이 생각대로 풀리지 않는다면 문제가 되는 메타무의식을 찾아내어 재정비하면 됩니다. 그러면 사고방식과 행동이 극적으로 바뀝니다. 그 결과, 사업이 급성장하거나 어려움을 극복하는 놀라운 변화를 맞이하게 되지요. 언제나 정답인 메타무의식은 없습니다. 상황에 따라 바람직한 유형은 바뀝니다. 또한 한 사람에게서 여러 유형이 나타날 수도 있습니다. 그럼 열두 가지 메타무의식 유형에 대해 알아봅시다.

◆ 주체성 유무에 따라 달라지는 '주체행동형'과 '반영분석형'

마음먹은 일을 바로 행동에 옮기는 유형이 '주체행동형'입니다. 생각하는 동시에 움직이고, 어쩌면 생각하기도 전에 움직이지요. 이런 유형의 사람들은 주체적으로 행동합니다. 한편 어떤 결과가 나올지 조사하거나 분석하고, 주변 사람의 결과나 상황을 살핀 후에 행동할지 말지 결정하는 유형을 '반영분석형'이라고 합니다.

'나는 ○○한 사람'이라는 믿음은 뇌의 전전두엽 prefrontal lobe(주로 추론하고 계획하며 감정을 억제하는 일을 수행 — 옮긴이)에 있는 신경네트워크로 형성됩니다. '내 인생은 내가 만드는 것'이라고 믿으면 삶의 목표를 달성하기 위해 주체행동형으로 움직이게 되고 이때 뇌는 이 사람의 목표를 진심으로 받아들입니다. 그러고 나서 전전두엽 세포들이 한 팀이 되어 자신이 믿는 대로 현실을 만들어가지요. 이에 반해 '인생은 내 생각대로 되지 않아. 제어할 수 없어'라고 반영분석형으로 생각하고 행동하면 목표가 없는 전전두엽세포가 제각기 행동하기 때문에 원하는 현실을 만들어낼 수 없게 됩니다.

최근 음식점을 운영하는 사람들을 상담하는 일이 많았습니다. 저는 처음 그 사람들을 만나면 반드시 이렇게 질문합니다.

"가게를 어떻게 운영하고 싶으신가요?"
"다시 장사가 잘되면 좋겠어요."

"그럼 사장님이 생각하는 장사가 잘되는 가게란 어떤 모습인가요?"라고 물어보면 대답은 두 가지로 나뉩니다.

A: 손님이 돌아와서 자리가 꽉 찼을 때가 아닐까요.
B: 손님을 불러들여서 자리가 꽉 찼을 때입니다.

두 사람의 대답은 거의 비슷해 보이지만, A는 '손님이 돌아오기만 하면 자리가 꽉 차는데, 나는 기다리는 것밖에 할 수 없다' '나는 상황을 제어할 수 없다'처럼 수동적으로 반응하는 반영분석형입니다. 한편 B는 '내가 손님을 다시 불러들이는 주체다' '자리를 꽉 채울 책임은 나에게 있다'라고 생각하는 주체행동형입니다.

당연히 성공하는 사람은 B입니다. 주체행동형으로 생각하고 행동하면 뇌는 '이 사람의 목표를 빨리 현실로 만들자!'라고 생각하고 움직입니다. 그 결과, 다양한 아이디어를 쏟아내거나 인재를 많이 고용하는 등 성공으로 이어지기 위한 선택들로 나를 이끕니다.

◆ 동기가 생기는 방식의 차이, '문제해결형'과 '문제회피형'

목표나 목적이 있을 때 문제를 정면으로 마주하면 동기가 부여되는 유형을 '문제해결형'이라고 합니다. 이런 유형의 사람들은 '무언가를 얻기 위해 문제를 해결하는' 형태로 행동합니다. 한편 불안과 위험을 피함으로써 동기가 부여되는 유형을 '문제회피형'이라고 합니다. '무언가를 피하는' 형태로 행동하지요.

2014년 월드컵에서 일본 축구 국가대표팀은 단 1승도 거두지 못하고 참패했습니다. 당시 텔레비전에서 본 대표팀의 캐치프레이즈가 아직도 선명하게 기억납니다.

절대로 질 수 없는 싸움이, 그곳에 있다

이 캐치프레이즈는 2004년 아시아축구연맹이 주최한 아시안컵부터 오랫동안 쓰였으며, 국가 간의 축구 경기가 있을 때마다 아나운서들이 생방송에서 여러 번 외쳤습니다. 그러나 저는 그런 소리를 들을 때마다 '오히려 힘이 빠지겠는데'라고 생각했습니다. '질수 없는 싸움'이라는 말은 처음부터 '지는 것'을 전제로 합니다. 부정형으로 긍정한다고 해도, '진다'라는 부정적 개념에 초점이 가게 만들기 때문에 매우 위험합니다.

이런 문장으로 일본 전역의 서포터즈가 응원해온 것입니다. '그 결과 선수들에게도 부정적 의식이 싹트기 시작했다'라고 하면 과장이겠지만, 승리와 멀어지게 하는 말을 거듭 외치게 만들었다는 점에서 이 캐치프레이즈를 만든 사람들에게 조금은 책임이 있다고 봅니다. 참고로 이 캐치프레이즈는 2014년 월드컵을 마지막으로 공식적인 자리에서 사용되지 않습니다.

일반적으로 병원, 요양원 등은 문제회피형으로 운영해왔습니다. 그런데 최근에는 '더 나은 삶을 살고 싶다'라는 고객의 욕구를 충족시키는 방향으로 운영하는 곳이 늘고 있습니다. 예를 들어 중요한 발표를 앞두고 컨디션을 조절해주는 클리닉, 철인 3종 경기 선수나 골프 치는 사람을 관리해주는 전문 운동시설, 아름다워지고 싶은 사람들을 침과 뜸으로 관리해주는 한의원 등은 고객의 희망 실현을 도와 단골을 늘리기도 합니다.

이렇듯 다양한 업계에서 운영 방향을 문제해결형으로 전환하는 것이 점점 중요해지고 있습니다.

◆ 다른 사람의 인정이 중요한 '타인 기준형', 나의 욕구가 중요한 '자기 기준형'

얻고자 하는 것, 하고자 하는 일의 동기를 다른 사람의 칭찬이나 허락에서 찾는 유형을 '타인 기준형'이라고 합니다. 타인 기준형인 사람은 남에게 인정받았을 때 '잘 해냈다'라고 판단합니다. 한편 '남이 어떻게 평가하든 상관없어, 내가 하고 싶으니까 할 거야'라고 스스로를 기준으로 사는 유형을 '자기 기준형'이라고 합니다.

최근 많은 나라에서 소득 격차가 사회문제로 떠오르고 있는데, 어릴 때 부모에게 어떻게 교육받았는지에 따라 미래 소득이 달라진다는 연구가 있습니다. 지금까지 만났던 내담자들의 이야기에서도 그런 경향을 느낄 수 있었습니다.

예를 들어 자녀가 "엄마 게임기 사줘"라고 말했을 때 소득 수준이 높은 부모는 "왜 그 게임기가 갖고 싶은지 이유를 말해볼래?" 하고 침착하게 물어본다고 합니다. 그리고 자녀가 그 이유를 설명하면 게임기를 사주고요. 그러나 수입이 적어 걱정하는 사람들의 유년 시절 이야기를 들어보면, "시끄러워. 게임기는 이미 있잖아. 게임만 하지 말고 공부나 해!" 하며 감정적으로 혼났다는 경우가 꽤 많습니다.

감정적으로 혼나는 일은 아이에게 엄청난 스트레스입니다. 거절당했다는 사실만으로도 괴로운데 감정적인 말투로 꾸짖음을 당하면 더 상처받게 되지요. 이런 환경에서 자란 아이는 부모에게 혼나지 않으려고 눈치 보는 버릇이 생겨서 '사도 된다고 하면 사자' '안된다고 하면 사지 말자'라는 삶의 방식이 형성되기 때문에 타인의 기준에 맞춰 성장하게 됩니다.

반면에 '왜 그렇게 하고 싶은지' 질문을 받으며 자란 아이는 어릴 때부터 자신의 욕구에 초점을 맞추게 됩니다. "저는 ○○라는 이유로 이게 갖고 싶어요" 하고 자신의 말로 부모를 설득하는 기술을 익힙니다. 어릴 때부터 의견을 말하는 연습을 거듭하면서 바람직한 자기 기준을 형성하는 것입니다.

메타META(페이스북의 새 이름－옮긴이)의 CEO 마크 저커버그Mark Zuckerberg의 부모는 그가 어릴 때 친구들이 다 갖고 있다는 이유로 무언가를 사달라고 조르면 "그런 이유라면 사줄 수 없어"라며 들어주지 않았다고 합니다. 하지만 '내가 이렇게 하고 싶어서'라고 설명했을 때는 바로 사주었고요. 저커버그의 부모는 두 사람 다 의사라서 형편이 넉넉했지만 쉽게 물건을 사주지 않고 '내가 정말 갖고 싶은 게 맞는지'를 항상 생각하게 한 것입니다. 이것이 1,000억 달러가 넘는 자산을 구축한 저커버그의 밑바탕이 되었습니다.

예전에 긴자에 있는 화랑의 한 사장이 이런 이야기를 들려주었습니다. 지명도가 비슷한 두 화가가 있었습니다. 화가 A는 그림이 전혀 팔리지 않아 난감한 상황이었지만 화가 B의 그림은 잘 팔렸습니다. 사장은 두 사람에게 같은 질문을 던졌습니다. "당신은 그림을 왜 그리나요?"

화가 A: 저는 인정받고 싶고 유명해지고 싶어요. 세상 사람들이 저를 더 높이 평가해주면 좋겠습니다.

화가 B: 그냥 그리고 싶은 그림을 그릴 뿐입니다. 다른 사람이 어떻게 평가하든 신경 안 써요.

아시다시피 화가 B가 자기 기준형입니다. 그리고 주위의 평가나 명성에 얽매여 있는 화가 A보다 자신의 신념을 관철하는 화가 B의 작품이 사람들의 마음을 움직였습니다. 신기하지요. 고객 측에서 먼저 얼마면 그림을 팔겠냐고 문의가 들어오고 그림에 비싼 값이 매겨지는 쪽은, 정작 팔 생각이 별로 없는 화가 B의 그림이었던 것입니다. 이렇듯 생각의 차이로 현실은 바뀝니다.

2019년 12월에 개최된 세계 피겨스케이팅 선수권대회, ISU 그랑프리 파이널 이야기를 해보겠습니다. 당시 하뉴 유즈루羽生結弦 선수가 우승 후보로 거론됐는데 1위는 네이선 첸Nathan Chen 선수였습니다. 하뉴 선수는 40점 이상의 큰 격차로 2위를 차지했습니다.

저는 안타까운 결과에 놀랐다가 기자회견을 보고 이해했습니다. "어떤 마음가짐으로 피겨를 하나요?"라는 기자의 질문에 첸 선수는 "그저 피겨 실력을 갈고닦을 뿐입니다"라고 대답했습니다. 그러나 하뉴 선수는 "일단 첸 선수를 이기고 싶습니다"라고 말하며 옆에 있는 첸 선수에게 기대는 듯한 동작을 취했습니다. 하뉴 선수는 타인을 기준으로 살았던 걸까요? 지금은 어떤지 모르지만, 이때는 하뉴 선수가 타인과의 관계를 목표로 설정한 것이 좋지 않은 방향으로 작용했다고 보였습니다.

♦ 기준으로 삼는 시간에 따른 차이, '과거 기준형'과 '미래 기준형'

어떤 일을 하고자 할 때 '왜 그 일을 하려고 하지?', 일이 수월하게 진행되지 않을 때 '왜 잘 안 풀리지?'라고 생각하는 유형을 '과거 기준형'이라고 합니다. 과거의 경험이 기준이지요. '왜'라는 말을 쓰면 과거에 초점이 맞춰집니다. 한편 무언가를 하려고 할 때 '무엇을 위해 이 일을 하고 싶은가?', 잘 풀리지 않을 때 '내가 무엇을 위해 문제를 겪고 있는 거지?' 하고 고민하는 유형을 '미래 기준형'이라고 합니다. 그들에게는 '무엇'이라는 미래의 목적이 인생을 살아가는 시작점입니다.

운전에 빗대자면, 과거 기준형은 앞을 똑바로 보지 않고 백미러로 뒤를 힐끔거리면서 목적지로 가고 있는 것과 마찬가지입니다. 언제 사고가 나도 이상하지 않은 위험천만한 방법이지요. 그리고 미래 기준형은 때때로 뒤를 살피지만 앞을 주시하면서 안전하게 운전하는 방법입니다.

삶의 방향을 스스로 명확하게 인식하지 않으면 아무래도 과거의 기억을 참조해서 행동을 결정하게 됩니다. 무슨 일을 하더라도 이렇게 변명하는 경우가 여기에 해당합니다.

"쉽게 질리는 성격이라 새로운 일을 시작해도 금방 포기해요."
"친구보다 좋은 성과를 낸 적이 없어서 자신이 없어요."

문제에 부딪힐 때마다 과거의 기억에 초점을 맞추기 십상이라 앞으로 나아가지 못하는 것입니다. 다시 말해 일이 진척되지 않는 이유는 기준이 과거에 맞춰져 있기 때문입니다.

미국의 어느 대학교에서 이런 실험을 했습니다. 뇌파계를 붙인 피실험자에게 여러 질문을 던지면서 뇌의 특정 부위가 어떻게 반응하는지를 확인하는 실험이었지요.

"지난해 생일에 뭘 했나요?"

이 질문에는 뇌파계가 꿈쩍도 하지 않았습니다. 뇌가 전혀 반응하지 않은 것입니다.

"올해 생일은 어떻게 보내고 싶나요?"

이 질문을 듣자 뇌에서 운동 기능을 조절하는 부위가 격렬하게 움직였습니다(도파민 등 몇몇 신경전달물질에 의한 자극의 결과로 보인다—옮긴이). 뇌는 과거에 초점이 맞춰져 있으면 반응하지 않지만 미래에 초점을 맞추면 활성화되는 것입니다.

♦ 선례를 따를 것인가, 새로운 방법을 찾을 것인가? '절차 중시형'과 '선택 중시형'

어떤 일을 할 때 누군가가 성공하는 방법을 알려주기만을 기다리는 유형을 '절차 중시형'이라고 합니다. 일본인에게서 흔히 볼 수 있는 유형으로, 과거에 성공적이었고 좋은 결과를 냈던 방법에 집착하는 것이지요. 이러한 사람들의 뇌는 과거에 초점이 맞춰져 있기 때문에 과거 기준형이 되기 쉽습니다. 반면, 어떤 일을 할 때 스스로 실현 방법을 찾아보고 선택지와 규칙을 고안하려는 유형을 '선택 중시형'이라고 합니다. 이러한 사람들의 뇌는 최종 목표인 미래에 초점을 맞추고 있기 때문에 미래 기준형인 경우가 많습니다.

물론 업종과 사업 내용에 따라 선택 중시형과 절차 중시형 중 어느 쪽이 우세한지는 달라집니다. 선택 중시형은 성공한 기업가나 경영자에게서 많이 보입니다. 그리고 지켜야만 하는 규제와 규칙이 많은 직종에서는 절차 중시형이 우세합니다. 과거의 판례를 기준으로 판결을 내리는 판사가 전형적인 예라고 할 수 있겠지요. 교육자와 의료 종사자에게도 절차 중시가 요구됩니다.

하지만 절차 중시형은 누군가 알려준 방법을 썼을 때 결과가 좋지 않으면 "이건 내가 결정한 게 아니야"라고 변명하기 쉽습니다. 더불어 뇌가 과거에 초점이 맞춰져 있기 때문에 활성화되기 어렵습니다. 반면 선택 중시형은 결과가 좋든 나쁘든 자신의 책임을 전제한다는 점에서 자기를 기준으로 한 주체행동형이라고 할 수 있습니다. 그래서인지 좋은 결과가 나오는 경우가 많습니다.

저를 찾아온 어느 경영자의 사례를 이야기해보겠습니다. 이전에도 몇 번이나 방문했던 내담자지만 회사 경영을 왜 시작했는지 다시 한번 그 이유를 물었습니다. 그러자 사업을 시작하게 된 과정을 설명하기 시작했습니다. 그 장황하게 늘어놓는 이야기의 주인공은 자신이 아니었습니다. 그 경영자는 업무를 절차 중시형으로 인식하고 있다는 사실이 확인된 것입니다.

경영자가 사업에 소비하는 시간과 노력은 헤아릴 수 없습니다. 하지만 과거를 기준 삼아 판단하는 절차 중시형은 결과가 좋지 않을 때 "내가 결정한 게 아닌데……"라는 불만이 생깁니다. 어쩌면 이런 스트레스가 쌓여 저를 찾아온 경영자도 마음의 병에 걸렸는지 모르지요. 반대로 선택 중시형인 사람은 "나는 ○○를 실현하고자 사업을 시작했습니다"라고 미래의 가치 창조와 함께 내가 원하는 것을 이야기합니다. 저는 이런 선택 중시형인 사람이 찾아올 경우에는 "지금 단추가 살짝 어긋나서 병에 걸린 것일 뿐입니다. 금방 나을 수 있을 거예요"라고 말합니다.

◆ 얼마나 '즐겁게' 하는가, 얼마나 '좋은 성과'를 내는가?
   '감각 중시형'과 '결과 중시형'

어떤 일을 하는 과정에서 즐거움, 설렘과 같은 긍정적인 감정을 느끼고 불안과 공포를 피할 수 있도록 노력하는 유형을 '감각 중시형'이라고 합니다. 경험 과정에서 감각을 중시하는 사람들이지요. 한편 무언가를 할 때 목적을 달성하면 어떤 결과를 얻을 수 있을지 중시하는 유형을 '결과 중시형'이라고 합니다. 달성한 뒤에 따라올 결과에 초점을 맞추는 사람들이지요.

강의에서 자주 하는 이야기인데, 이 두 가지 유형을 이해하기 가장 쉬운 예는 피겨스케이팅 선수 아사다 마오浅田真央입니다. 2014년 소치 동계올림픽에서 아사다 선수는 가장 유력한 금메달 후보였습니다. 그러나 시합 전 연습에서 취재진이 "이번 올림픽에는 어떤 마음으로 임할 건가요?"라고 질문하자 아사다 선수는 이렇게 대답했습니다.

"저만의 연기를 하고 싶어요."

저는 '위험한 발언을 하는군. 이번엔 금메달을 못 딸지도 모르겠어'라고 생각했습니다. 예상대로 쇼트프로그램의 결과는 16위였습니다. 그다음 프리스케이팅에서 원래의 성적을 되찾았지만 결과는 종합 6위였습니다. 메달을 따지 못했지요. '나만의 연기를 한다'라는 것에 의식을 집중한 나머지 정작 성과를 내야 할 때 목표가 흔들리고 만 것입니다. 그 후 2014 세계 피겨스케이팅 선수권대회에서 아사다 선수는 똑같은 질문에 "최선을 다했다고 말할 수 있는 연기를 하고 싶습니다"라고 답했습니다. 이번에는 좋은 성적을 낼 것으로 짐작했는데 아니나 다를까 멋지게 우승했습니다. 코치가 무언가 조언했던 것일까요? 속사정은 알 수 없지만, 저는 결과 중시형으로 뇌를 움직인 덕분에 좋은 결과로 이어졌다고 생각합니다.

운동선수 예를 하나 더 들어보겠습니다. '나데시코 재팬'이라는 애칭으로 유명한 일본 여자축구 국가대표팀에게도 비슷한 일이 있었습니다. 2011년 FIFA 독일 여자 월드컵에서 우승한 후, 2015년 캐나다 여자 월드컵에서 2연패連覇를 앞두고 있을 때의 일입니다. 미국과의 결승전을 하루 앞둔 날 기자회견에서 사사키 노리오佐々木則夫 감독이 이렇게 말했습니다.

"목표였던 결승까지 왔습니다. 이제 남은 일은 우리의 경기를 하는 것뿐입니다."

우승을 코앞에 둔 타이밍에 '우리의 경기를 한다'라는 말을 한다는 점에서 감각 중시형 목표를 세운 것으로 보였습니다. 그 결과 제 예상대로 3 대 2로 참패하고 말았습니다.

컨설팅 회사로 이직한 후 제 강의를 들으러 온 Y의 이야기를 또 다른 사례로 들어보겠습니다.

"매출 할당량을 달성 못 채워시 회사에 있는 게 괴로워요."

업무에 상당히 지친 모습이었습니다. 그래서 그의 의식이 현재 어디를 향해 있는지 확인해보려고 질문을 했습니다.

"업무에서 당신이 중요하다고 생각하는 것은 무엇인가요?"
"만족감입니다."

앞에서 살펴보았던 아사다 선수의 예처럼 위험한 발언입니다.

"그렇군요. 그럼 만족감을 맛본 후에는 무엇을 얻고 싶은가요?"
"동료 의식을 느끼고 싶어요."

더 위험한 발언이라고 생각했습니다. '만족감'과 '동료 의식' 모두 감각 중시형인 사람이 할 수 있는 말들입니다. 업무에서 성과를 내고 싶다면 결과 중시형으로 전환해야 했습니다. 그래서 또 질문했습니다.

"업무상 만족감과 동료 의식도 중요하지요. 그럼 만족감과 동료 의식을 얻고 나면 상사의 평가와 당신의 급여는 어떻게 달라질까요?"

갑자기 생각지 못한 질문을 받자 Y는 어리둥절한 표정을 지었습니다. 그러고 나서 "글쎄요, 상사의 평가가 어떻게 바뀌려나……. 그러면 급여는 어느 정도 오르려나……" 하며 상상하기 시작했습니다.

한 달 후, "덕분에 처음으로 할당량을 달성했습니다!" 하고 Y에게서 메일이 왔습니다. "마치 말로 마법을 걸어주신 것 같아요"라며 매우 기뻐했습니다. 저는 그저 감각 중시형이었던 그의 메타무의식을 결과 중시형으로 바꾸도록 도와주었을 뿐입니다.

◆ 어디에서 성취감을 느끼는가? '목적지향형'과 '경험지향형'

원하는 일이나 하고자 하는 일의 초점이 삶의 목적을 달성해서 성취감을 느끼는 데에 있는 유형을 '목적지향형'이라고 합니다. 이 유형의 사람은 경험 너머에 근원적인 목적이 있습니다. 반면 얻고자하는 것, 하고자 하는 일의 즐거움, 기대, 편안함 등 감각을 느끼는 데에 목적을 두고 있는 유형을 '경험지향형'이라고 합니다. 이 유형의 사람은 경험하는 과정에 초점을 맞춥니다.

목적지향형과 경험지향형은 생명을 좌우하기도 합니다. 제2차

세계대전 전인 1933년부터 전쟁이 끝나는 1945년까지 나치 독일은 반정부 세력, 유대인, 이교도 등을 강제수용소에 가두고 대량 학살했습니다. 제가 존경하는 정신과 의사이자 심리학자인 빅터 프랭클Viktor Frankl 박사는 강제수용소에서 살아돌아온 사람 중 한 명입니다. 프랭클 박사는《빅터 프랭클의 죽음의 수용소에서Man's Search for Meaning》라는 책에서, 당시 유럽에 살던 유대인 중 3분의 2가 강제수용소에서 사망했다고 말합니다.

모두가 절망하며 수용소를 탈출하고 싶어했지만 대부분은 목숨을 잃고 말았습니다. 그 와중에 살아남은 사람들에게는 공통점이 있었는데,《빅터 프랭클의 죽음의 수용소에서》에는 그와 관련된 연구 결과가 실려 있습니다.

살아남은 빵집 주인은 이런 말을 했습니다.

"나는 이 전쟁이 끝나면 다시 한번 고향에서 빵집을 열 거야. 그리고 갓 구운 빵 냄새를 온 마을에 퍼뜨려 이웃들을 행복하게 해주고 싶어. 이런 곳에 갇혀 있을 때가 아니야."

살아남은 피아니스트는 이렇게 말했습니다.

"지금 전 세계가 큰 전쟁으로 피폐해졌습니다. 저는 피아니스트로서 세계를 돌아다니며 연주해서 세상 사람들을 위로하고 싶어요. 여기서 빨리 나가야 해요."

이렇듯 살아남은 사람 대부분은 '수용소 밖의 세상'을 향한 인생 목표를 지니고 있었습니다. 목적지향형일 때 생명력이 강해진다는 아주 흥미로운 이야기이지요. 프랭클 박사도 고통스러운 현실과 거리를 두고 이를 뛰어넘겠다고 결심하면서, '지금 나는 오스트리아 빈의 시민대학교에서 강연하는 중'이라는 상상을 했다고 합니다. 강연 주제는 '강제수용소에서의 심리학'이었습니다. 당시 자신이 직면하고 있던 가혹한 현실이 사람 심리에 끼치는 영향을 '수용소에서 해방된 미래'의 시점에서 서술하는 것이었지요. 그리고 그 상상은 현실이 되었습니다.

◆ 문제에 대처하는 방식의 차이, '비관형'과 '낙관형'

하고자 하는 일에 문제가 생기거나 잘 풀리지 않을 때, '짜증 나는 일이 생겼네'라고 인식하는 유형을 '비관형'이라고 합니다. 이 유형의 사람은 삶의 감각이 불안과 공포에 초점이 맞춰져 있기 때문에 모든 면을 부정적으로 바라봅니다. 한편 '낙관형'은 하려는 일이 잘 안 풀리거나 문제가 생겼을 때, 어떻게 하면 해결할 수 있을지를 고민하면서 '재미있다!' '새로운 방법을 개발할 기회야!' 하고 긍정적으로 받아들입니다.

2020년 2월, 요코하마 항구에 정박해 있던 다이아몬드 프린세스호에서 일본 최초로 코로나바이러스-19 집단감염이 발생했습니다. 마침 제 강의를 들었던 사람이 이 배의 승객들을 진단한 의사였는데 인상적인 이야기를 들려주었습니다.

다이아몬드 프린세스호는 대형 크루즈선이라서 승객 대부분이 노부부였습니다. 검사 결과 부부 모두 감염된 경우에는, 대부분 한쪽의 증세가 위중하고 다른 한쪽은 증상이 경미하다가 2주 정도가 지나면 음성 반응을 보였습니다. 이 결과에는 공통점이 있었습니다. 중증 환자인 쪽은 "난 이제 글렀어"라고 말하며 지냈지만, 무증상에서 음성으로 바뀐 쪽은 "다 괜찮아질 거야" 하고 웃으며 넘겼다고 합니다. 같은 크루즈선, 같은 객실에서 시간을 보내고 똑같은 바이러스에 감염되어도 비관형인 사람과 낙관형인 사람의 희비가 확실히 나뉜 것입니다. 예로부터 '웃으면 면역력이 좋아진다'라는 말이 전해지는데, 그 말을 실감하는 이야기였습니다.

실제로 웃으면 바이러스에 감염된 세포나 암세포 등을 살상하는 면역세포의 일종인 NK세포가 활성화된다는 연구 결과도 많이 발표되고 있습니다. 면역 연구의 일인자인 후지타 고이치로藤田紘一郎 교수의 《웃는 면역학笑う免疫学》(국내 미출간 ─ 옮긴이)에는 미국 리 벅Lee Buck 박사가 진행한 실험이 실려 있습니다. 건강한 의대생 52명에게 코미디 비디오를 한 시간 동안 감상하게 한 후, 감상 전후의 면역인자 활성을 측정한 실험입니다. NK세포의 활성도는 비디오 감상 전에는 평균 24퍼센트였지만 감상 후에는 38퍼센트로 증가했고, 이 효과는 비디오 감상 후 열두 시간 이상 지속되었다고 합니다.

◆ 세상의 상식에 따를 것인가, 내가 하고 싶은 대로 할 것인가? '내부 분리형'과 '내부 중시형'

하고자 하는 일을 실행하기로 마음먹을 때 세상의 상식이나 외부 권위, 이론 등에 의지하는 유형을 '내부 분리형'이라고 합니다. 반면에 하고자 하는 일을 시작하려고 할 때, 삶의 목적을 근거로 자신의 신념과 가치관에 비추어 대조하는 유형을 '내부 중시형'이라고 합니다.

내부 분리형과 내부 중시형은 뇌의 정보처리 방식에 차이가 있습니다. 무슨 일을 할 때 내부 중시형은 자신의 '내부'에서 판단하기 때문에 이렇게 말합니다.

"이 일은 제가 하고 싶은 일입니다."

"이건 제가 하고 싶은 일이 아니에요."

"이 일은 제가 하겠습니다."

이에 반해 내부 분리형은 자신의 '외부'를 통해 판단합니다. 자신이 하고 싶은 일이라도 "이게 내가 하고 싶은 일이 맞나……"라는 식으로 남의 일처럼 말합니다. 이는 곧 뇌가 정보를 처리할 때 경험과 자신을 분리하기 때문에 이해가 뒤따르지 못하는 것입니다.

어째서 이 유형이 바람직하지 못한 걸까요? 내부 분리형은 '내 생각에는 가치가 없다' '나는 무능력해'라고 생각하는 상태에서 자신과 자신의 상황에 대한 판단을 하기 때문에 불쾌함을 느끼게 됩니다. 그리고 이 불쾌한 감정을 피하려고 무능력한 자신을 경험과 분리하지만, 결국 현실에서 문제를 일으키는 것입니다.

저를 찾아오는 사람 중에는 심리학 교수나 관련 전문가도 있습니다. 고민을 털어놓는 그들에게 저는 이렇게 질문합니다.

"선생님이 가르치는 ○○심리학에서는 병을 어떻게 설명하나요?"

그러면 대개 이런 대답이 돌아옵니다.

"○○ 박사에 따르면 병은 이런 거라고 해요."

"그렇군요. 그럼 이번에는 선생님에게 묻겠습니다. 선생님은 자신의 병을 어떻게 받아들이고 있나요?"

"○○ 박사가 말하기를……."

"그건 아까도 들었습니다. ○○심리학이나 ○○ 박사는 잊어버리세요. 선생님 자신은 병을 어떻게 받아들이고 있나요?"

학설이나 전문가의 이름을 인용하던 사람 대부분이 마지막 질문을 들으면 말문을 닫습니다. 이는 내부 분리형의 특징입니다.

비슷한 상담을 수없이 반복하면서 내부 분리형은 정신건강을 해치기 쉽다는 사실을 깨달았습니다. '내 생각은 가치가 없으니까 세상의 훌륭한 이론과 지식을 활용해야만 한다. 그러니까 유명한 ○○ 박사의 이론과 ○○심리학에 관한 전문가가 되어 사람들을 가르쳐야 해'와 같은 심리 상태로 다른 사람을 가르치면 가르칠수록 '나는 가치가 없다'라고 스스로 계속 책망하게 됩니다. 이는 TNF-α인자가 자신을 공격하고 있는 것과 마찬가지입니다. TNF-α인자는 '종양괴사인자'라고도 불리는 면역물질입니다. 외부에서 침입한 바이러스와 암세포 등을 공격하기 때문에 병을 치료하는 데 크게 공헌할 것으로 기대되고 있습니다. 이런 물질이 자신을 공격하는 것이니 쉽게 병에 걸리지요.

괴롭고 힘들었던 과거를 떠올릴 때, 자신에게서 한 걸음 떨어져 자신의 심리 상태를 객관적으로 분석하기 위해 내부 분리형이 되는 것은 괜찮습니다. 그러나 성공한 자신의 모습을 떠올릴 때는 자신의 내부를 제대로 들여다보고 근거로 삼을 줄 아는 내부 중시형이 되어야 합니다.

◆ 뇌의 고통회로를 활성화하는 '의무형', 보상회로를 활성화하는 '욕구형'

얻고자 하는 일, 하고자 하는 일을 행동으로 옮길 때 '해야 해' '하지 않으면 안 돼'라는 문장이 뒤따르는 유형을 '의무형'이라고 합니다. 반면에 얻고자 하는 일, 하고자 하는 일을 행동에 옮길 때 '해보자' '하고 싶다'라는 말이 뒤따르는 유형을 '욕구형'이라고 합니다. 이 두 가지 유형은 어떠한 행위를 의무 때문에 하는지, 욕구에 따라

하는지로 구분합니다.

예를 들어 '생활비를 벌어야 해' '그 녀석들에게 복수하려면 꼭 성공해야 해'라는 식으로 의무 때문에 행동하면, 열심히 하면 할수록 뇌의 고통회로가 작동합니다. 그러면 잠재의식은 실수를 하게 만들거나 신체 및 마음을 아프게 해서 '다시 생각해봐!' 하고 행동에 제동을 겁니다. '세상이 진화하고 발전해가는 건 너무 재미있어. 그러니까 나도 그런 사업을 하겠어'와 같은 욕구에 따라 움직이면 뇌의 보상회로reward pathway가 작동해서 결과가 달라집니다.

제 강의를 들으러 온 어느 회사 대표의 이야기입니다. 최근 반년간 매출이 좀처럼 늘지 않아 걱정이라고 하기에, 먼저 현재 상태에 관해 물었습니다.

"대표님, '매출을 반드시 올려야 한다'라고 생각하시나요?"
"네, 매출은 올려야죠. 그러려고 광고비와 우수한 인재를 확보하는 데 막대한 비용을 지출하고 있으니까요……."
"한 번 더 여쭙겠습니다. 매출을 반드시 올려야 한다고 생각하고 있지 않나요?"

'반드시'에 힘을 실어 다시 한번 질문했을 때 대표는 '아!' 하고 무언가를 떨쳐버리는 듯한 몸짓을 하더니 이렇게 말했습니다.

"매출을 반드시 올려야 한다, 또 그렇게 생각했습니다."

'매출을 반드시 올려야 한다'라는 말 속에는 '매출이 안 오르면 어떡하지' 하는 불안이 숨어 있습니다. 그래서 매출을 반드시 올려야 한다고 위압감을 느끼게 되는 것입니다. 이는 '내가 정한 건 아니지만' 하는 식의 변명 같지 않은 변명을 지어내고, 머릿속에서 '매출이 안 올라도 어쩔 수 없지'라는 성가신 문구를 떠올리게 합니다. 그러면 뇌에서는 어떤 일이 일어날까요?

매출을 반드시 올려야 한다, 올라가야만 한다.

▼

매출 못 올리는 거 아닐까? 올라가지 않는 거 아니야?

이는 액셀과 브레이크를 동시에 밟은 상태라고도 할 수 있습니다. 이래서는 움직이려야 움직일 수 없지요. 매출이 좀처럼 오르지 않던 원인은 이것이었습니다. 그래서 저는 다시 물었습니다.

"대표님, 무엇 때문에 매출을 올리려고 하시나요?"

"이런 목적을 이루기 위해 사업을 합니다. 그리고 올해 이런 수치의 목표를 달성할 거예요."

나의 욕구를 드러내는 문장으로 바꾸어 새롭게 사업의 전망을 정의하게 했습니다. 아니나 다를까 그 회사는 금방 매출을 회복하기 시작해서 두 달 뒤에는 전년 대비 2.4배를 달성했다고 합니다.

◆ 자기 인식의 차이 '한정적 자아'와 '절대적 자아'

자기 인식이란 나는 누구인가, 어떤 사람인가 판단하는 것입니다. 얻고자 하는 것, 하고자 하는 일이 순조롭게 진행되지 않을 때 자신은 열등하고 가치가 없으며 부족하다고 느끼는 경우를 '한정적 자아'라고 합니다. 예를 들어, '돈을 잘 못 버는 나는 꼴사납다. 돈만 있으면 나도 괜찮은 사람인데' '병에 걸린 나는 못났어. 건강하다면 나도 참 괜찮은 사람인데' 등 조건을 충족하지 못한 자신을 바람직하지 않다고 느끼는 경우가 많다면 한정적 자아라고 할 수 있습니다.

이에 반해 얻고자 하는 것, 하고자 하는 일이 잘 안 풀려도 '나는 가치가 있고 완벽한 사람이다, 애초에 나에게는 문제가 없다'라고 느끼는 경우를 '절대적 자아'라고 합니다. '나는 완벽해. 어쩌다 보니 지금은 좀 가난하지만' '나는 완벽해. 어쩌다 보니 지금은 병에 걸렸지만' 하고 자신을 원래 괜찮은 사람이라고 생각하는 경우가 많다면 절대적 자아라고 할 수 있습니다.

현실은 이러한 자아를 토대로 만들어집니다. '나는 뭔가 부족해. 부족한 나는 꼴사나워'라고 계속 생각하면 잠재의식은 "'나는 못났다'라고 계속 말하고 싶은 거군요. 그럼 부족한 나로 있을 수밖에 없네요"라며, 한정적 자아를 유지하기 위해 성과를 내지 않는 방향으로 움직입니다. 반면에 현재 가난하거나 병에 걸려도 '나는 행복해' '나는 완벽해'라고 계속 생각한다면 잠재의식은 절대적 자아를 유지하기 위해 그렇게 생각할 수 있는 현실만 모으기 시작합니다.

수많은 드라마와 영화에서 주인공을 맡아온 젊은 남자 배우. 동료 배우인 아름다운 아내와 자녀에 둘러싸여 순풍에 돛을 단 듯한 인생을 살고 있었습니다. 그런데 어느 날 젊은 여자 배우와의 불륜이 보도되자, 뉴스 매체의 좋은 먹잇감이 되어 한순간에 안방극장에서 사라져버렸습니다. 데뷔 이래 언제나 주인공을 맡으며 성공가도를 달려온 여자 배우도 마찬가지였습니다. 개성 있으면서도 청순한 매력으로 남녀노소에게 사랑받던 어느 날 약물 복용으로 체포되어 프로그램에서 강제 하차한 뒤 여전히 연예계에 복귀하지 못하고 있습니다.

이렇듯 공식 무대에서 활약하던 사람들이 갑자기 모습을 감추곤 합니다. 이는 한정적 자아가 움직이고 있었기 때문이라고 생각합니다.

'나는 이런 공적인 무대에서 활약할 만한 사람이 아니야. 진정한 나는 가치가 없어. 따라서 내 겉모습을 부수어야만 해.'

그래서 숨어 있던 내가, 빛나게 활약하는 내 겉모습을 와장창 깨뜨리는 것입니다.

그럼 회사원은 어떨까요? 매일 많은 업무를 떠맡아 때로는 목표를 달성하지 못하는 일도 있겠지요. 그중에는 그럴 때마다 "또 목표 달성 못 했어" "나는 부족한 사람이야" "일 못 하는 나는 쓸모없어" 하고 중얼거리는 사람도 있을 것입니다. 하지만 계속 이렇게 중얼대면 한정적 자아가 강화되어 일과 정신건강에 좋지 않은 영향을 미치게 됩니다. 그러므로 매일 절대적 자아로 하루를 마무리하는 것이 중요합니다.

하루 동안 할 일들을 정리해서 '오늘은 여기까지 해야지' 하고 목표를 정한 후 일을 시작했다고 합시다. 그런데 하기로 한 일의 60퍼센트밖에 못 했을 때 "40퍼센트나 남았네. 나는 재능이 없어"라고 말하면 한정적 자아가 성장합니다. 그때는 이렇게 바꿔 말합시다.

"이걸로 충분하군. 나머지 40퍼센트는 내일 하면 돼."

나머지 40퍼센트는 내일의 새로운 목표로 정하는 것입니다. 만약 다음 날 다 끝내지 못하고 50퍼센트의 업무가 남아도 이렇게 말하면 됩니다.

"이걸로 됐어! 충분해."

그리고 나서 나머지 50퍼센트는 그다음 날의 새로운 목표로 정합니다. 이렇게 매일 '나는 매일 목표를 달성하는 사람'이라는 전제가 생기면, 그 전제를 바탕으로 현실이 만들어집니다. 이것이 절대적 자아가 성공하는 원리입니다. 이런 이야기를 하면 가끔 다음과 같은 질문을 받습니다.

"60퍼센트밖에 못했는데 충분하다고 하면 만족감 때문에 향상심이 없어지는 거 아닌가요?"

　노력의 양을 중요하게 생각하는 사람의 주위에는 '나는 뭔가 부족하다'라는 감각이 계속 맴돌고 있습니다. 이 감각으로 마무리하는 날들이 이어지면 '인생은 생각대로 되지 않아' '나는 언제나 목표를 달성하지 못하는 삶을 살고 있어'라는 전제가 생깁니다. 그래서 막상 목표 달성 사고로 전환하려 해도 쉽게 바뀌지 않습니다. 왜냐하면 자신의 믿음에 반하는 것이기 때문입니다. 이것이 한정적 자아가 움직이는 원인입니다.

　매일 이런저런 일이 생기는 인생에서 때로 '나는 왜 이럴까' 하고 생각하게 되는 날도 있을 것입니다. 그때마다 "나는 괜찮아"라고 내뱉은 후 남은 과제는 내일의 목표로 설정하고 하루를 마무리하면서 절대적 자아를 재설계해보세요. 이는 매우 중요한 일입니다.

◆ **결과를 기다리는가, 결과를 향해 움직이는가,**
　'결과 대기형'과 '결과 행동형'

얻고자 하는 것, 하고자 하는 일이 있을 때 조건이 갖춰져야만 행동으로 옮기는 유형을 '결과 대기형'이라고 합니다. 조건이 갖춰지기를 기대하는 것이지요. 반면에 얻고자 하는 것, 하고자 하는 일이 있을 때 먼저 조건을 갖추기 위해 행동하는 유형이 '결과 행동형'입니다.

예를 들어 '이번 달에 1억 엔이 필요하다'라는 목표가 있을 때 '복권에 당첨되면 좋겠다'라고 기대하는 것이 결과 대기형입니다. 한편 결과 행동형은 '이번 달에 1억 엔을 구하지 못하면 회사가 망한다. 그럼 은행에서 어떻게든 돈을 빌리자. 친척에게 머리를 조아려서라도 돈을 구해보자' 하고 필사적으로 움직입니다. 행동해야 하는 일이 생기면 마땅히 몸을 움직이는 것입니다.

자신의 가게를 여는 것이 목표인 A와 B가 있습니다. 과연 어느 쪽이 좋은 결과를 가져올까요?

A: 1,000만 엔을 모으면 제가 꿈꾸는 가게를 열고 싶어요.

B: 제가 꿈꾸는 가게를 열기 위해 지금 1,000만 엔을 모으고 있습니다.

1,000만 엔을 모으는 행위는 비슷하지만 뇌가 받아들이는 방식이 다르기 때문에 결과는 완전히 달라집니다. B는 조건을 갖추기 위해 먼저 행동하고 있습니다. 결과 행동형이지요. B의 뇌는 "꿈꾸던 가게를 열겠다는 마음이 확실하네요. 진심인 모양이군요. 그럼

제가 돕겠습니다"라고 반응하며 움직이게 됩니다. 한편 A는 조건이 갖추어지면 행동한다는 결과 대기형입니다. 뇌는 "그 꿈은 조건부네요. 조건이 갖춰질 때까지 잠깐 낮잠 좀 잘게요"라고 합니다. 이렇게 해서는 잘될 리가 없겠지요.

뇌는 매일 방대한 정보를 처리하기 때문에 쓸데없는 일에 에너지를 소비하지 않으려 합니다. 따라서 언제든지 변할 수 있는 소망에는 반응하지 않습니다. 진심으로 현실이 되길 원한다면 결과 행동형으로 뇌를 움직여야 합니다.

자, 열두 가지 메타무의식을 통해 당신이 매일 어떤 행동 유형으로 움직이고, 어떤 가치관을 갖고 살아가는지 파악했나요? 평소 별 의미 없이 사용하는 문장이나 말버릇 등은 모두 메타무의식 형성에 영향을 주어 당신의 행동을 조종하고 앞날을 결정하고 있습니다.

인생이 잘 안 풀린다고 느낀다면 자신의 생각의 틀을 먼저 파악하고 고정된 믿음을 해체해야 합니다. 오랫동안 만들어진 믿음은 짧은 시간에 사라지지 않습니다. 그러나 그 가치관이 애초에 어디서 만들어졌는지 밝혀낸다면 크게 발전할 수 있습니다. 그 첫걸음으로 빼놓을 수 없는 요소가 이 책의 주제인 '머릿속 부모'입니다. 다음 장에서는 최신 연구를 통해 밝혀진 뇌의 구조와 '머릿속 부모'가 일으키는 오작동에 관해 이야기해보겠습니다.

2

왜 머릿속 부모는

원하는 인생에서 멀어지게 만들까?

뇌과학이 밝혀낸
우리가 불행한 이유

지금으로부터 몇 년 전, '말의 힘으로 병을 고친다'라는 저의 심리 치료법이 주목받기 시작했을 무렵의 일입니다. 도쿄대학교 대학원에 '이 치료법이 구체적으로 뇌에 어떻게 작용하는지 밝혀내고 싶다'라는 내용으로 연구를 의뢰했습니다. 곧이어 연구비를 지원하는 방식으로 정식 의뢰해서 2018년부터 실험이 시작되었습니다.

실험 쥐를 이용한 동물실험 등을 거듭하면서 조금씩 연구가 진행되었는데, 지금까지 밝혀진 두 가지 실험 결과는 매우 흥미롭습니다. 첫 번째는 '살아남고 싶다는 열망이 강하면 뇌는 고통스러운 기억을 보존하려고 한다'라는 것입니다. 그리고 두 번째는 보상회로와 면역기능에 관련한 성과로, '뇌의 보상회로를 자극하면 TNF-α인자가 증식한다'라는 것입니다.

◆ 나를 살리면서도 죽이는 보상회로의 역설

보상회로란 뇌 신경회로 중에서 '기쁘다' '즐겁다'와 같은 긍정적인 정보를 처리하는 회로입니다. 이곳을 자극하면 세 가지 호르몬 물질(쾌락이나 행복의 근원인 도파민dopamine과 세로토닌serotonin, 애정과 기쁨을 느끼게 하는 옥시토신oxytocin)이 분비되어 흔히 말하는 황홀경에 빠져든다는 사실은 이미 알려져 있습니다.

그런데 보상회로를 인공적으로 자극하면 외부에서 침입한 바이러스와 암세포 등을 공격하는 'TNF-α인자'가 증식한다는 사실이 이번에 새롭게 밝혀졌습니다. 이는 2019년 3월에 일본 학회에서 발표되었는데, 같은 해 10월 미국의 두 학회에서도 보고되었습니다. 저는 오랜 경험에 비추어, '뇌 보상회로를 올바르게 작동시키면 암 같은 병도 자연스럽게 치료되지 않을까'라고 생각했는데, 실제로 그렇게 치료된 사례가 많았습니다. 도쿄대학교 대학원에서 밝혀낸 연구 결과가 그를 뒷받침하는 것이지요.

보상회로를 자극하면 TNF-α인자가 증식해서 병이 치유되고 증상이 가벼워진다는 사실은 알겠는데, 여기서 큰 의문이 생깁니다. TNF-α인자가 증식하면서 자가면역질환을 앓는 사람들이 생기는 경우가 있기 때문입니다. 자가면역질환은 비정상적인 면역 반응으로 인해 체내 정상 세포와 조직을 자신이 공격하는, 원인이 밝혀지지 않은 병입니다. 난치병으로 분류되는 교원병collagen disease(혈관결합조직에 계통적으로 널리 나타나는 병변을 지닌 급성 및 만성질환을 일컫는 병명—옮긴이)이나 류머티즘성관절염 등도 자가면역질환이며, 코로나바이러스-19가 유발하는 사이토카인 폭풍cytokine storm(인체에 바이러스가 침투했을 때 면역물질인 사이토카인이 과다하게 분비되어 정상 세포를 공격하는 현상—옮긴이)도 자가면역질환의 일종입니다.

행복과 기쁨을 느끼며 뇌의 보상회로가 작동하고 있는데 어떤 이유에서인지 TNF-α인자가 자기 자신을 공격하기 시작하는 것입니다. 이 병에 걸린 사람의 뇌에서는 무슨 일이 벌어지고 있을까요? 이 수수께끼를 풀 수 있는 열쇠가 바로 도쿄대학교 대학원의 첫 번째 연구 결과, 살고 싶다고 생각할수록 뇌는 고통스러운 기억을 보존한다는 사실입니다.

고착된 뇌는
거꾸로 반응한다

뇌에 기쁨을 관장하는 회로가 있다면 반대로 고통스러운 정보를 처리하는 신경회로도 있습니다. 저는 이를 '고통회로'라고 부릅니다. 고통회로가 작동하면 두 가지 스트레스 호르몬이 분비됩니다.

첫 번째는 코르티솔cortisol입니다. 뇌 시상하부에서 뇌하수체를 거쳐 부신피질에 명령이 떨어지면 코르티솔이 분비되어 기억을 관장하는 해마의 기능을 활성화시킵니다. 또한 코르티솔은 면역기능을 억제하고 혈당치를 높입니다. 두 번째는 아드레날린adrenaline입니다. 뇌 시상하부에서 척수와 교감신경을 거쳐 부신수질에 명령이 내려지면 아드레날린이 분비됩니다. 아드레날린은 심박수와 혈압을 높여서 면역기능을 낮추고 혈당치를 올립니다.

이 두 가지 스트레스 호르몬은 혈류를 타고 온몸으로 퍼져 체내 모든 장기와 자율신경에 "비상사태야"라고 신호를 보냅니다. 공포나 혐오 등 강한 스트레스를 받을 때 가슴이 두근거리는 현상도 스트레스 호르몬이 원인입니다.

부정적인 사건에 반응해서 스트레스 호르몬이 분비되면 뇌도 스트레스 상태에 빠집니다. 전문가들은 이 상태를 '투쟁-도피 반응 fight or flight response'이라고 표현합니다. 일상에서 반복적으로 '투쟁-도피 반응'에 빠지면 결국 장기를 좀먹듯이 심각한 병을 불러일으킵니다. 우울증 같은 정신질환도 뇌가 강한 스트레스에 노출되면서 발병하는 것으로 알려져 있습니다.

정신건강의학과에서는 우울증 환자에게 항우울제를 처방하는데, 항우울제에는 도파민과 세로토닌을 분비시키는 성분이 포함되어 있습니다. 약의 힘을 빌려 보상회로를 각성시킴으로써 증상을 개선하는 것이지요.

◆ 성장 모드로의 전환을 방해하는 스트레스 호르몬의 오작동

약에 의존하지 않고도 보상회로를 작동시킬 수 있습니다. 몸을 편안하게 하고, 기쁨과 애정을 느끼도록 뇌의 작동법을 바꾸는 것입니다. 이렇게만 해도 도파민과 옥시토신 두 호르몬이 분비되어 투쟁-도피 반응에서 빠져나올 수 있습니다. 저는 이 상태를 '성장 모드로 전환한다'라고 표현합니다. 그래서 강의에서 참가자가 평온하고 행복한 기분을 느낄 수 있도록 다양한 질문을 던지려고 합니다. 하지만 오랫동안 보상회로를 작동시키지 않으면 긍정적인 말에 대한 반응도 둔해지기 때문에, 한두 번 듣는 강의로는 효과가 없는 경우도 있습니다.

원래 스트레스 호르몬은 나쁘기만 한 것이 아닙니다. 적절하게 분비되면 인생에 도움을 주는 존재지요. 지쳤다고 느끼는 것은 몸과 마음이 쉬어야 한다고 재촉하는 신호이며, 순발력이 필요한 상황에서는 도파민이 분비됨으로써 큰 성과를 낼 수 있기도 합니다. 그럼 왜 이런 오작동을 일으켜서 발목을 잡는 것일까요?

신체질환으로 힘들어하는 내담자들의 이야기를 듣고 저는 그들에게 공통점이 있다는 사실을 깨달았습니다. '몸이 아픈 사람 역시 삶의 목적을 생각하고 기쁨을 느끼는 방법이 잘못된 게 아닐까?' 안타깝게도 자신이 스트레스 호르몬을 계속 분비하고 있다는 사실을 깨닫지 못하는 사람이 많습니다. 그래서 입으로는 긍정적인 말을 내뱉더라도 피로가 쌓이고 수면문제 또는 식이문제를 겪거나 우울증으로 일상에 문제가 생기는 등 점점 원하지 않는 방향으로 살아가는 것이지요. 상담하는 동안 그들이 몸을 항상 긴장시키고 있다는 점에도 마음이 쓰였습니다. '저렇기 때문에 혈류가 몰려서

면역력이 떨어지는 것이 아닐까? 그래서 건강에 문제가 생기는 것은 아닐까?'

몸은 혈류가 근육에 몰리면 긴장하게 됩니다. 야생동물은 천적과 우연히 마주쳤을 때 순간적으로 몸을 굳혀서 전투태세를 취하지요. 인간도 똑같습니다. '전속력으로 도망치거나 무기를 들고 적을 무찌르지 않으면 잡아먹힐 거야'라는 생명의 위기를 감지하면 온몸이 경직됩니다. 그러면 내장으로 가야 할 피가 급격히 줄어 영양부족에 빠집니다. 장기를 움직일 여유가 없기 때문입니다. 보통 이런 상태는 일시적으로 나타납니다. 뇌가 '이제 괜찮아. 위기는 지나갔어'라고 판단하면 끝납니다.

하지만 근육이 경직된 상태가 지속되며 원래대로 돌아오지 않는 병이 있습니다. 예를 들면 ALS^{amyotrophic lateral sclerosis}(근위축성측삭경화증. 루게릭병이라고도 하며, 뇌의 위 운동세포와 뇌간 및 척수의 아래 운동세포의 진행성 변성을 특징으로 하는 질환—옮긴이)입니다. 통계에 따르면 남성이 걸리기 쉬운 병인데, 최근 메이크업 전문가 사에키 치즈^{佐伯チズ}가 이 병에 걸렸다고 알려진 지 불과 3개월 만에 세상을 떠났습니다. 휠체어에 탄 모습이 마지막이었던 것을 생각해보면 상당히 힘든 시간을 보냈으리라 짐작할 수 있습니다.

◆ 부정적인 현실을 만들어내는 범인은 바로 뇌

미용계의 카리스마로 통하던 사에키는 화려한 경력을 자랑했습니다. 그녀는 ALS에 걸렸다는 사실을 알리면서 "잘 이겨낼 테니 지켜봐주세요!"라며 팬들을 향해 힘찬 메시지를 보냈는데, 저는 아직도 그 모습이 마음에 걸립니다. 언론에서는 긍정적인 마음가짐으로 실질적으로는 병을 극복했다며 미담을 퍼뜨렸지만, '정말로 그럴까? 보이는 모습을 그대로 받아들이는 건 위험하지 않을까?' 하고 의문이 들었습니다.

앞서 말했듯이 '이렇게 하고 싶다, 이렇게 되고 싶다고 생각해도 어째서인지 상황이 점점 나빠지는' 사례가 많습니다. 그런 내담자들을 보면서 저는 '뇌는 바라는 바와 반대로 움직인다'라는 가설을 세우게 되었습니다. 자신이 의식적으로 긍정적인 말을 해도, 그 속에 공포나 불안을 덮어 숨기려는 마음이 있으면 뇌는 오히려 방해하려고 한다고 말이지요. '살아남고 싶다는 열망이 강하면 뇌는 고통스러운 기억을 보존하려고 한다'라는 도쿄대학교 대학원의 첫 번째 연구 결과는 바로 이 가설을 뒷받침하는 것이었습니다.

행복을 밀어내는
뇌가 만들어지기까지

이중구속이라는 말을 들어본 적 있나요? 더블 바인드Double bind라고도 하며, 심리학을 공부한 사람에게는 익숙한 용어일 것입니다. 미국의 문화인류학, 정신의학 연구자인 그레고리 베이트슨Gregory Bateson이라는 사람이 제창한 개념입니다. 이는 모순된 두 가지 메시지를 받아들인 결과, 어떻게 반응하면 좋을지 몰라서 이러지도 저러지도 못하는 상태를 가리킵니다.

원래는 부모와 자식 간의 의사소통 문제에 착안한 개념이라고 합니다. 어머니가 웃으며 "이쪽으로 와" 하고 아이를 부릅니다. 자신을 부르는 어머니를 보고 아이가 어머니에게 달려가 안기려고 합니다. 이때 어머니가 아이를 뿌리칩니다. 말로는 이리 오라며 아이를 부르지만 행동으로는 거부하는 것입니다. 이렇게 모순된 메시지를 아이에게 거듭해서 주면, 그 아이는 다른 사람을 쉽게 믿지 못하고 의심하게 됩니다. 그리고 어른이 되어서도 인간관계 문제를 자주 맞닥뜨릴 수 있습니다.

흔히 이중구속은 두 사람 사이에서 일어나는 의사소통의 모순을 지적하는 말인데, 의식과 잠재의식 사이에도 이런 모순은 있습니다. 재밌는 일을 하고 싶다거나 행복해지고 싶다는 소망은 누구에게나 있는 기본적인 욕구지요. 그런데 그렇게 바라는 동시에 '나는 가치가 없으니까 행복해지면 안 돼' '내가 행복해지면 부모의 불행이 돋보이잖아' '주변 사람들이 힘든데 나만 즐거워질 순 없어' '가족이 힘든 상황인데 나 혼자 행복해지면 안 돼' 등의 갈등이 생기는 경우가 수없이 많습니다. 바로 의식의 이중구속인 것이지요.

◆ 이중구속은 어떻게 몸까지 망가트리는가

아는 사람과 잡담을 나누다가 '3월에 태어난 사람은 어릴 때 비슷한 갈등을 겪고 있는 경우가 많다'라는 이야기가 나왔습니다(일본은 4월에 학기가 시작하기 때문에, 3월생은 우리나라의 1~2월생처럼 빠른 연생을 가리킨다―옮긴이). 일본에서는 4월 2일을 기점으로 학년이 나뉩니다. 그러면 4월 1일까지 태어난 아이들은 지난해 4월 2일 이후에 태어난 아이들과 같은 학년이 되기 때문에 발육이나 지능발달이 동급생보다 최대 1년 정도 늦게 됩니다. 같은 학년 친구와의 차이를 실감하면서 같은 교실에서 나란히 자리하는 것은 보통 일이 아닙니다.

'나는 출발선이 다르니까 저 애보다 몇 배나 더 열심히 해야 해.'
'나약해지지 말자.'
'몸도 머리도 1년이 뒤처졌어.'

이런 갈등이 3월생 아이들에게 쉽게 발생하는 마음의 병의 원인이 아닐까요? 저는 2월 후반에 태어났기 때문에 그 갈등이 어떤 것인지 짐작할 수 있습니다. 초등학교 1학년부터 6학년까지 같은 반 남자아이들 사이에서 가장 키가 작아 '앞으로나란히'를 할 때 양손을 허리에 얹는 자세 외에는 해본 적이 없었습니다. 그래서 조회나 행사 때마다 콤플렉스를 느꼈습니다.

'나는 남들보다 뒤처졌으니까 더 열심히 해야 해.'

저는 이런 생각을 까맣게 잊고 있었지만, 스물일곱 살에 제 사업을 시작하면서 '쉬고 싶다' '가끔은 놀러도 가고 싶어'라는 생각이 들 때마다 '아니야, 쉬면 지는 거야' '아직 더 노력할 수 있어'라며 저를 궁지로 몰아넣었습니다. 그 결과, 마음의 병뿐만 아니라 미코플라스마폐렴, 대장용종, 신장결석 등 온갖 큰 병에 걸렸습니다. 오른쪽 다리는 혈전으로 뒤덮여 절단 직전까지 간 때도 있었을 정도입니다. 어릴 적 '쉬고 싶다' '아니야. 쉬면 안 돼'라고 생각하던 버릇이 이중구속 상태를 만들어서 제 몸까지 병들게 하고 있었던 것입니다.

뇌는 어떻게 당신을
함정에 빠트리는가?

제 연구를 도와주는 도쿄대학교 대학원 교수로부터 이런 보고를
받았습니다.

"동물실험을 통해 밝혀진 사실이 있습니다. 오래 살고 싶다, 편하고
안전하게 생활하고 싶다고 생각하면 뇌는 고통스러운 기억만 보존
하려고 한다는 사실입니다."

예상했던 결과였습니다. 사람도 마찬가지이기 때문이지요. 오래
살고 싶다고 생각하면 뇌는 이렇게 움직이기 시작합니다.

"오래 살고 싶다고 계속해서 말하고 싶은 거군요. 그럼 죽음을 의식
할 만한 기억이 필요하겠네요."

뇌는 모든 정보를 긍정적으로 받아들이고는 반대로 움직입니다. 이것이 뇌가 고통스러운 기억만 보존하려고 하는 원리입니다. 삶과 대비하기 위해 죽음을 의식하는 기억이 필요한 것이지요. 죽음을 의식해야 '오래 살고 싶다'라고 계속 말할 수 있기 때문입니다. 그러고 나서 '죽음을 의식하는 기억을 만들려면 그에 맞는 현실을 모아야겠네요'라면서, 병에 걸리거나 사고에 휘말린 사람, 자연재해로 인한 사고 소식이나 유명인의 사망 뉴스를 찾아보는 등 죽음을 의식하는 기억을 모으기 시작합니다.

◆ 나의 부정적 모습, 매달릴수록 현실이 된다

정리하자면 편안하고 안전하게 생활하고 싶다고 생각하면 뇌는 이렇게 움직입니다.

"편안하고 안전하게 살고 싶다고 계속해서 말하고 싶은가 보네요. 그럼 그 반대인 고통스럽고 위험한 상황을 모아야겠군요."

그래서 괴로운 기억, 위험한 기억을 만들기 위해 고통스럽고 위험한 현실을 수집하는 것입니다. 즉 생존 욕구가 강해서 살아남고 싶다는 의지가 강한 나머지 죽음을 의식하는 일만 모은다는 말입니다. 생명을 소중히 여기기 때문에 삶에 집착하고 죽음을 나쁜 것으로 인식합니다.

업무가 끝난 후에 반갑지 않은 일이 기다리고 있으면 업무시간 내내 우울합니다. 하지만 반대로 퇴근 후 즐거운 일이 기다리고 있다면 업무도 순조롭고 빨리 일을 끝내려고 하다 보니 생산성이 올라가기도 합니다. 이처럼 죽음을 나쁜 일로 받아들이면 누구나 죽음을 향해 살아가고 있음에도, '피하고 싶은 일이 다가온다'라는 생각에 삶이 고통스러워집니다. 그리고 최선을 다해 살지 못하게 됩니다. 이렇듯 '사는 것'이 목적이 되면 인생은 잘 풀리지 않습니다.

무엇을 위해 삽니까?

삶은 살아가는 목적을 완수하기 위한 도구일 뿐입니다. 당신이 무엇을 하는 사람인지 그 목적을 확실히 해야 합니다. 수명을 늘리고 싶다고 생각할수록 '죽기 싫어, 살고 싶어'라는 생각에 사로잡혀 삶에 집착하게 됩니다. 그러면 악순환에 빠지게 되는 것입니다.

◆ 지금의 문제들은 뇌가 보내는 경고일 수 있다

어떤 사건이 발생했기 때문에 잘못된 믿음이 생기는 것이 아닙니다. 비뚤어진 믿음이 있기 때문에 피하고 싶은 일이 일어나는 것입니다.

뇌는 반대로 움직입니다. 예를 들어 병에 걸리는 바람에 하고 싶은 일을 못 하는 상황에 처했을 때, 사실은 하고 싶은 일을 안 하려고 병에 걸렸을 수 있다는 이야기입니다. 즉 하고 싶은 일을 못 하게 됐을 때, 그 일을 하고 싶었던 동기를 살펴야 합니다.

자주 접하는 잘못된 동기 부여에는 이런 것들이 있습니다.

과거에 구제 불능이었던 나를 바로잡고 싶어서.

나를 바보 취급했던 사람들에게 복수하려고.

가난한 나를 고쳐보려고.

한심한 나를 어떻게든 고쳐보려고 행동하면 건강을 망치게 됩니다. '한심스러운 나'와 '이상적인 나'를 동시에 상상하는 이중구속에 빠지는 것이 그 원인이지요. 그래서 뇌는 인생의 목적과 뇌 사용법이 틀렸다는 점을 가르쳐주기 위해 '다시 생각해' '네 삶의 방식을 살펴봐' '세상을 받아들이는 인식을 바꿔'라고 제동을 걸어 하고 싶은 일을 못 하게 하는 것입니다.

극단적인 사례지만, 설암^{tongue cancer} 4기로 수술을 받은 어느 여성의 이야기를 해보겠습니다. 저는 그 여성의 블로그를 읽고 머리를 한 대 얻어맞은 것 같았습니다. 설암 수술을 하면 발음이 불명확해져서 이전보다 의사소통이 어려워집니다. 저는 그것이 그녀의 진짜 목적이 아닐까 생각했습니다.

블로그를 계속 읽어내려갔더니 역시 '나는 이해받지 못하는 사람'이라는 전제로 글을 쓰고 있다는 사실을 알게 되었습니다. 그녀는 설암 4기라는 사실을 알고 남편에게만 직접 말했다고 합니다. 그리고 남편이 아이들에게 설명해주었다고 적었습니다. '나는 이해받지 못하는 사람'이라는 전제를 바탕으로 살고 있다는 사실을 알 수 있는 대목이지요. '이해받지 못한다는 사실을 증명하기 위해 설암에 걸려서 이해받지 못하는 사람으로서의 역할을 완수하려는 것이 아닐까' 하고 생각했습니다. 저는 그러한 생각을 멈추게 하고 싶었지만 그녀와 연락할 방법이 없었습니다.

이런 경우에는 수술 전에 다음과 같이 되뇌인다면 수술 후의 인생이 크게 달라질 수 있습니다.

'이해받지 못하는 사람으로 남기 위해 수술을 받는 게 아니라 이해받는 사람이 되려고 수술을 받는 거야.'

마음속에 있는 말은 현실이 됩니다. 이것이 뇌가 작동하는 원리입니다. 그렇기 때문에 문제가 반복된다면 바로 마음속에 있는 말을 바꿔야 합니다. 예를 들면 '나는 가치가 없어'에서 '나는 가치가 있는 사람이야'로 바꾸는 것이지요. 스스로 가치가 있다고 생각하면 기분이 좋아지기 때문에 가치 있는 나를 표현하고자 합니다. 그러면 가치를 주변에 나누게 되어 "○○ 씨 참 좋은 사람이네요. 꼭 필요한 사람이에요"라며 인정받기 시작합니다.

'나는 가치 있는 사람'이라고 받아들이기 때문에 자신을 인정해주는 사람, 가치를 높여주는 사람을 주위에 모으거나 자신의 가치를 표현할 수 있는 직업을 갖기도 합니다. 그럼으로써 '이 사람은 가치가 있는 사람이야'라고 주위에서 더욱 인정받지요. 마음속에 있는 말과 딱 들어맞는 현실이 나타나는 것입니다. 이 부분을 간과하는 사람이 많습니다. 일어난 현실밖에 보지 않기 때문에 자신이 평소에 어떤 생각을 했는지 기억하지 못하고 결국은 근본적인 원인을 발견하지 못합니다. 그 결과 인생이 생각대로 흘러가지 않는 것입니다.

◆ 뇌의 사고방식을 의심하고 달라진 현실

그럼 어떻게 긍정적인 뇌로 전환할 수 있을까요? 제 대답은 간단합니다. 당신이 눈앞의 부정적인 현실을 바꾸고 싶다면 먼저 '그것을 부정적인 일이라고 받아들이는 자신의 메타무의식'을 의심하세요. 그리고 메타무의식 유형을 다른 것으로 바꿉니다.

제 체험을 하나 이야기해드리겠습니다. 10년쯤 전부터 저는 주기적으로 제 심리 상태를 체크하고 있는데, 자주 가는 바에서 술을 마시며 제 내면을 들여다보다가 갑자기 부정적인 생각이 피어나기 시작했습니다.

'나는 혹시 스스로 바보라고 생각하고 있지 않나?'

아직도 이런 부정적인 믿음이 제 안에 남아 있었다는 사실에 놀랐습니다. 그래서 저의 잘못된 믿음을 바로잡았습니다.

바보는 부끄러운 거니까 숨겨야 해.

▼

아니지, 바보는 오히려 좋은 거야.

▼

바보는 긍정적이니까 필요한 거지.

▼

그럼 앞으로도 바보로 살자!

저는 바보는 부정적이라는 생각과 이별하고 바보는 긍정적인 것이라고 재정비했습니다. 이때 모델로 등장시킨 인물이 바로 애플 창업자인 스티브 잡스Steve Jobs입니다.

어릴 때 선생님 의자에 폭약을 설치하고 교실에 뱀을 푸는 등 말썽꾸러기였던 그는 초등학교 3학년 때 정학 처분을 받기도 했습니다. 어른이 되어서도 그의 기상천외한 행동은 끊이지 않았고, 비디오게임으로 유명해진 기업(아타리사)에 다짜고짜 쳐들어가 자신을 채용할 때까지 한 발짝도 움직이지 않겠다며 눌러앉은 이야기는 유명합니다. 창업 후에는 씻지도 않고 맨발로 사무실을 어슬렁거려서, 주변 사람들이 '제정신이 아니다' '얼빠진 사람이다'라며 고개를 가로젓기도 했다고 하지요.

그 잡스가 예전에 애플 컴퓨터 광고에 등장해 이런 대사를 읊던 장면이 아직도 기억에 강렬하게 남아 있습니다.

"그들은 미쳤다는 소리를 듣지만, 우리는 그들이 천재라고 생각합니다. 자신이 세상을 바꿀 수 있다고 진심으로 믿는 사람이야말로 정말로 세상을 바꾸고 있으니까요."

이 말을 떠올릴 때마다 '바보라도 괜찮다. 엄청난 바보가 되자!' 하고 힘이 솟아오릅니다.

'바보는 좋은 것!'이라고 긍정적인 생각으로 바로잡은 지 2주 정도 지났을 때, 모르는 사람에게서 갑자기 이런 연락을 받았습니다.

"당신의 치료법을 독점으로 판매하고 싶습니다. 연간 사용료 3천만 엔을 지불하겠습니다."

그 사람은 SNS를 통해 저를 알게 되었다고 했습니다. 이런 제안은 처음 받았기 때문에 순간 마음이 움직였습니다. 그러나 제 치료법은 오랜 시간 시행착오를 겪은 끝에 겨우 성과를 얻은 기술입니다. 독점 판매 가격으로는 너무 싸다는 생각이 들어 결국 거절했지요. 하지만 그 후에도 비슷한 제안을 계속해서 받았습니다.

'이게 무슨 일이지? 도대체 나에게 일이 일어나고 있는 거야?' 저는 어리둥절하다가 불현듯 깨달았습니다. "2주 전에 '바보니까 세상을 바꿀 수 있는 거야!'라고 생각을 재정비한 덕분이구나" 하고 말이지요. 생각을 바로잡기 전의 저는 제가 바보라는 것을 들키기 싫어서 어떻게든 그 사실을 숨기려고 SNS에 글을 거의 쓰지 않았습니다.

하지만 '아니야, 바보니까 세상을 바꿀 수 있는 거잖아. 바보 같은 말 최고!' '주변의 평가? 좋아요 개수? 아무렴 어때!' 하고 태도를 바꾸어 생각나는 대로 글을 게시했습니다. 글을 쓰는 기준을 자연스럽게 타인에서 자기로 바꾼 것이지요. 그 결과 자기 기준으로 써 내려간 메시지로 사람들의 마음을 움직일 수 있었습니다.

이는 세상에 흔히 알려진 긍정적 사고와 다릅니다. 저의 문제를 긍정적 사고로 대처하려고 하면, 바보는 부정적이라는 인식은 바꾸지 않은 채 '나는 바보가 아니다. 똑똑하다'라고 되뇌게 됩니다. 그러나 긍정적인 말로 겉을 포장해도 현실을 부정적으로 받아들이고 있다면 뇌는 혼란에 빠집니다. 그 결과, "아, 이 사람은 계속해서 바보가 아니라는 말을 하고 싶은 거구나. 그럼 더 바보 같고 부정적인 일을 해야지"라고 반응하기 때문에 말도 안 되는 오작동을 일으키게 됩니다. 결국 무리한 긍정적 사고가 실패의 원인이 되는 것입니다.

결국 긍정적으로 말해도 뇌가 부정적인 일이라고 판단하면 그 정보는 좋지 않은 방향으로 보존되어 발목을 거세게 잡아버립니다. 이것이 바로 메타무의식을 바꿔야 하는 이유입니다.

고착된 뇌를 되돌리는
단 하나의 원칙

심리학에서는 정신 체계의 구조를 다음과 같이 설명합니다.

오감 정보

▼

무의식

▼

잠재의식

▼

의식

일반적으로는 잠재의식과 부의식이 같은 의미로 사용되는 경우가 많습니다. 하지만 저는 잠재의식과 무의식은 확실히 구별해야 한다고 생각합니다. 그래서 무의식을 관찰하고 잠재의식을 담는 그릇을 '메타무의식'이라고 명명한 것입니다.

메타란 말이 익숙하지 않아 이해하기 어려운 사람이 있을지도 모릅니다. 그래서 저는 가끔 이렇게 빗대어 이야기합니다.

"메타무의식은 잠재의식을 담는 그릇 같은 것입니다."

"이 그릇의 모양에 따라 메타무의식이 표출되는 방식인 생각의 버릇이 달라진다고 생각하세요."

"내용물이 같아도 그릇의 모양이 달라지면 생각의 버릇도 바뀝니다."

예를 들면 식당에서 밥 150그램이 큰 국그릇에 담겨 나오면 어떨까요? '에게? 이게 다야?'라고 생각하겠지요. '이거 혹시 먹다 남긴 밥 아냐?' 하고 의심할지도 모릅니다.

하지만 같은 양의 밥이 작지만 근사한 밥그릇에 듬뿍 담겨 있다면 어떨까요? '이쁘게 담겨 나오네' '그릇이 고급인 걸 보니 쌀도 고급일 거야' 하고 기대되지 않을까요? 이렇듯 내용물(현실)이 같아도 그릇(메타무의식)을 바꾸면 다르게 보입니다.

◆ 메타무의식을 바로잡는 것이 답이다

'메타무의식을 바꾸면 뇌의 활동 부위가 바뀌어 체내에 분비되는 화학물질이 바뀌고 진실이라고 믿고 있던 신념이 완전히 뒤집힌 다.' 이제 여기까지는 이해했으리라 생각합니다. 사령탑인 뇌가 변화하면 지금까지 무의식적으로 해왔던 발언, 행동, 선택도 바뀝니다. 이것이 결국 인생 전체를 바꾸는 결과로 이어지는 것이지요.

1장에서 이야기한 열두 가지 메타무의식을 하나씩 확인해서 상황에 맞게 유형을 바로잡아보세요. '왠지 모르게 잘 안 풀리던' 일의 명확한 원인을 발견해서 바라던 인생으로 나아가는 길이 눈앞에 펼쳐질 것입니다.

3

언제부터

머릿속 부모에게 휘둘렸을까?

어린 시절의 기억과
뇌의 상관관계

지금까지 8만 명의 고객이 겪는 여러 증상을 연구하면서 알게 된 사실이 있습니다. 대부분의 메타무의식은 어머니 배 속에 있을 때와 유소년기의 경험으로 구성됩니다. 특히 큰 영향을 미치는 것은 부모인데, 더 정확히 말하면 자신이 그 부모를 어떻게 받아들였는지에 따라 메타무의식이 결정됩니다. 다시 말해 머릿속 부모가 잠재의식 그릇의 원인이라고 할 수 있습니다.

◆ 메타무의식을 바로잡을 때의 유의사항

예를 들어 가난해지기 싫어서 열심히 일하는데 계속 문제가 생긴다고 가정합시다. 이 상태는 문제회피형이기 때문에 그 반대인 문제해결형으로 바로잡는 것이 좋습니다. '부자가 되고 싶다. 그러니까 일하자'라는 식으로 고치라는 말이 아닙니다. 그렇게 되면 오히려 "부자가 되고 싶다고 계속 말하고 싶은 거네요. 그럼 돈이 없는 상태를 유지할 필요가 있겠군요" 하고 뇌가 반대로 움직여버립니다.

이럴 때 저는 이렇게 질문합니다.

"애초에 왜 가난해지기 싫다고 생각했나요?"

그러면 대부분이 '부모처럼 되기 싫어서'라는 감정을 떠올립니다. 이 점을 간과하면 아무리 메타무의식을 바로잡아도 일이 잘 풀리지 않습니다.

다섯 가지 사례로 배우는
'머릿속 부모' 찾기

분명히 머릿속을 긍정적으로 바로잡았는데도 부정적인 현실과 만날 수가 있습니다. 이런 경우는 그 사람이 '부모를 어떻게 해석하는지'와 밀접하게 관련되어 있습니다. 지금부터는 '머릿속 부모'라는 존재를 깨닫고 문제를 해결한 실제 사례를 소개하겠습니다.

◆ 사례 1 연인에게 자꾸 퇴짜 맞는 진짜 원인은 '어린 시절 어머니의 헌신'

A의 고민은 항상 상대방에게 퇴짜를 맞고 관계가 끝난다는 것이었습니다.

"사귄 지 반년쯤 됐을 거예요. 메시지를 읽고도 답을 안 하는 일이 늘고 답장도 점점 늦게 오기 시작했어요. 점점 불안한 마음에 '별일 없어?' '어디 아파?'라고 메시지를 보내면 상대방이 늘 부담스럽다고 하고요."

남자가 고백해서 시작된 관계에서도 항상 상대가 먼저 A를 밀어 냈다고 합니다. 사실 '부담스럽다'라는 말을 듣는 여성이라면 어머니가 문제의 원인인 경우가 많습니다. A에게 어머니가 어떤 사람이었는지를 묻자 이렇게 대답했습니다.

"엄청 가정적이고 헌신적인 사람이었어요. 당신은 뒷전이고 저와 아버지를 우선으로 생각하셨죠."

이렇게 이야기를 시작하는 것을 듣고 저는 '아니나 다를까'라고 생각했습니다. 자신은 뒷전이고 남편과 자녀에게 헌신하는 어머니 중에는 '나에겐 가치가 없어'라고 생각하는 경우가 많기 때문입니다.

'나에게는 장점이 하나도 없으니까 어떻게든 가치 있는 사람이 되어야 해. 그러려면 가족에게 둘도 없는 존재가 되어야 해.'

그런 어머니 모습을 보고 자란 딸은 '난 저렇게 되기 싫어. 나를 뒷전으로 미루는 건 싫어'라고 생각하게 됩니다. 이야기를 들어보니 A도 딱 그랬다고 합니다. 그래서 다음과 같이 뇌가 반대로 움직인 것이죠.

"당신은 '어머니처럼 되기 싫어, 나를 뒷전으로 미루는 건 싫어'라고 계속 말하고 싶은 거군요. 알겠습니다! 나를 뒷전으로 미루기 싫다고 계속 말하려면 자신을 뒤로 미루고 남자친구에게 철저히 헌신하는 게 좋겠네요!"

뇌가 마음대로 이렇게 해석해버리는 바람에 A는 자기도 모르는 사이에 '부담스러운 여자'가 되어 있었던 것입니다. 제 이야기를 듣자, A는 다음과 같이 반문했습니다.

"근데 세상에는 헌신하는 사람이 이상형인 남자도 있잖아요. 전 남자친구도 처음에는 좋아했거든요. 그런데 왜 갑자기 싫어하게 되는 거죠?"

아무리 이해하려 해도 이해가 안 된다는 표정을 짓는 A. 물론 같은 행동을 해도 '와, 이 사람 너무 부담스러워!' 하고 질색하게 만드는 사람이 있는가 하면, '참 따뜻한 사람이야. 평생 함께하고 싶어' 하며 계속 사랑하고 싶게 만드는 사람도 있습니다. 그 차이는 어디에 있을까요?

정답은 간단합니다. 부담스럽게 느껴지는 사람은 스스로 '나는 가치가 없어'라고 믿고 있는 거예요. '그러니까 다른 사람에게 헌신해서 가치 있는 사람이 되어야 해. 인정받아야 해'라는 강박관념이 있는 것입니다. 그리고 강박관념에서 시작한 행동은 상대방을 기분 나쁘게 압박하게 됩니다. '고맙다고 말해!' '내 존재를 인정해줘!' 라는 내면의 외침이 마구 쏟아지는 것입니다. 메타무의식 중에서는 타인 기준형이라고 할 수 있지요.

어린 시절 A도 '이렇게 헌신하는 나를 인정해줘!' 하는 어머니의 마음속 외침을 부담스럽게 느꼈을 것입니다. 그래서 '저렇게는 되지 말아야지'라며 반발했겠지요. 그런데도 메타무의식의 함정에 보기 좋게 걸려들어 남자친구에게 어머니와 똑같은 행동을 반복해온 것입니다. 남자친구 입장에서는 몹시 거북했겠지요. '일일이 인정해달라고 좀 하지 마!' '자기 존재만큼은 스스로 인정해!'라고 반응하게 되었을 것입니다. 이것이 '부담'이라고 불리는 것의 정체입니다. A는 이 모든 설명을 듣고 나서야 비로소 이해한 것 같았습니다.

◆ 사례 2 직원의 실수를 계속 눈여겨보게 만든 '어린 시절의 아버지'

"회사에 큰 손해가 나고 있어요. 좀 도와주세요!"

회사를 경영하는 B의 이야기입니다. 계속 몇 번이나 주의를 주어도 직원이 같은 실수를 반복한다는 것이었습니다. 고객의 이름이나 주문받은 상품의 수량을 틀리고 납품 일정 확인하는 것을 잊어버리는 등 모두 주의만 하면 하지 않을 간단한 실수였다고 합니다.

요즘 젊은이들은 심하게 꾸짖으면 금방 그만둔다는 사실을 알고 있던 B는 신중하게 대했다고 합니다. 그러나 아무리 부드럽게 타일러도 효과는 없었습니다. 다른 직원도 '저런 사람을 왜 뽑은 거야' 하는 눈빛으로 보기 시작했습니다. B는 결국 참지 못하고 "적당히 해!" 하고 소리를 질렀다고 합니다. 그 직원은 다음 날 그만두었습니다.

그런데 새로 채용한 직원도 똑같이 실수를 연발했습니다. 인내심을 갖고 가르쳐도 실수는 고쳐지지 않았습니다. 참다 못해 꾸짖자또 그만두었습니다. 몇 번이나 고객에게 사과하러 찾아가는 상황이 되자 '이대로는 회사 신용에 문제가 생기겠다'라는 생각에 B는머리를 싸매게 되었습니다. 상담 결과 저는 '당신의 아버지에게 원인이 있다'라고 판단했습니다.

"네? 실수한 것은 직원의 문제 아닌가요? 제 아버지랑 무슨 관계가
있다는 말씀인지……."

B는 몹시 당황한 모습이었습니다. 물론 B의 아버지가 그 직원을
직접 압박했다는 말이 아닙니다. 염력을 쓴 것도 아니고요.

저는 그녀가 아버지의 영향을 강하게 받았다는 사실을 눈치챘습
니다. 그녀의 아버지는 매우 참을성 있고 성실하게 일하는 사람이
었습니다. 업무에 관한 불평, 불만은 절대 입에 담지 않았고 "인생
은 인내의 연속이야"라는 말을 입에 달고 살았습니다. 그런 아버지
를 보고 이렇게 생각했다고 합니다.

'아버지처럼 참기만 하긴 싫어. 나는 절대 참지 않을 거야.'

그런 딸이 어른이 되어 회사를 운영하기 시작하자 어떻게 되었
을까요?

'화내면 안 돼. 참을성 있게 직원을 가르쳐 키우는 게 경영자의 역할

이야.'

아이러니하게도 아버지와 똑같이 '인내'를 강요하는 말로 자신을 계속 타이르고 있었던 것입니다. '나는 안 참을 거야. 아버지처럼 견디기만 하는 인생은 싫어'라는 말을 반복해왔던 B의 뇌는 이렇게 반응한 모양입니다.

"그렇군요. 당신은 '인내 같은 거 싫어'라고 계속 말하고 싶은 거네요! 그럼 계속 참아야 하는 상황을 만들게요!"

B는 깜짝 놀랐습니다.

"그렇군요, 제가 인내를 고집했다는 말이네요. 화내지 않고 끈기 있게 계속 주의를 주면 곧 나아질 거라고 믿었는데……. 결국 참지 못할 거라면 그런 노력은 헛수고네요."

'~해야 한다' '~해서는 안 된다'는 메타무의식 유형 중 '의무형' 부분에서 중요한 키워드입니다. 감정을 철저하게 억누르는 바람에 뇌의 고통회로가 과도하게 활성화된 것이지요. 그 결과 자신은 친절하게 지도했다고 생각해도 실제로는 계속 실수하는 직원에 대한 짜증이 배어나 그를 위축시키지는 않았을까요? 그것이 '단순한 실수'를 반복하게 한 원인이 아닐까 하고 저는 생각합니다. 이후에 새로 채용한 직원은 실수를 반복하지 않았고 직원이 그만두는 일도 없었다고 합니다.

◆ 사례 3 출세하지 못한 이유는 '아버지의 말들'

다음은 대장암에 걸린 C의 이야기입니다. 제 나름대로 지금까지 상담해온 사람들과 함께 대장암에 걸린 사람들을 조사한 결과, 어떤 경향이 공통적으로 있다는 사실을 깨달았습니다. 그것은 '미래가 보이지 않는다'라는 스트레스에 시달렸다는 점입니다. 암에 걸리는 데는 유전적인 요인이나 생활습관 등 다른 요인이 있을 수도 있겠지만 물질적인 면 또는 경제적인 면에서의 불확실함 때문에 느끼는 불안과 그로 인한 스트레스도 있습니다. C도 마찬가지였습니다. 그리고 C의 경우에는 이 불안감을 더 증폭시키는 함정이 어린 시절의 아버지였습니다.

"아버지 하면 먼저 떠오르는 것은 집에 돌아오시자마자 직장에 대해 불평하시던 모습이에요. 나는 열심히 하는데 회사가 나를 제대로 평가해주지 않는다, 월급이 안 오른다, 인생이 뜻대로 되지 않는다 등……. 반주를 하는 내내 듣기 지겨운 말들을 계속하셨죠."

그런 아버지를 보면서 자란 C는 '일이란 건 저렇게 힘든 거구나'라고 생각하며 다음과 같이 결심했다고 합니다.

'나는 저렇게 되기 싫어. 모두에게 인정받는 사람이 되어야겠어!'

그 후 어른이 되어 취직한 C는 어릴 적 결심을 마음에 새기고 열심히 일했다고 합니다. 그런데 열심히 할수록 상황은 나빠지기만 했습니다. C의 뇌는 이런 나쁜 장난을 치고 있었던 것입니다.

"'나는 모두에게 인정받는 사람이 되어야 한다'고 계속 말하고 싶은 거군요. 알겠습니다! 그럼 인정을 받으면 안 되겠네요."

결국 C는 상사로부터 좋은 평가를 받지 못하고 주변에서도 인정받지 못해 수입이 늘지 않았습니다. 이대로는 급여가 오르기는커

녕 해고되는 것은 아닐까, 불안감은 나날이 커졌습니다. 결국 C는 복통 때문에 제대로 못 자고 설사를 하는 일이 잦아지면서 몸무게가 급격히 줄었습니다. 아무래도 이상해서 병원에 갔더니 "빨리 검사해봅시다"라는 말을 들었습니다. 검사 결과 대장암 진단을 받았다고 합니다.

저는 C의 암 발병에 '일은 괴로운 것'이라는 아버지의 말들이 영향을 끼쳤다고 해석합니다. 회사 일을 불평하는 아버지는 세상 어디에나 있지만 그 모습을 어떻게 해석하느냐에 따라 뇌의 반응은 달라집니다. 처음부터 '일은 부정적인 것'이라고 받아들이고 악착같이 일하지 않으면 인정받지 못한다고 단정 지었던 C. 업무를 대하는 자세는 메타무의식 유형 중 의무형의 전형적인 모습이고, 불안과 공포를 떨쳐내겠다는 마음은 문제회피형이자 감각 중시형의 모습입니다.

문제회피형에서 벗어나지 않는 한 뇌는 계속해서 문제를 만들어냅니다. 그리고 감각 중시형은 경험하는 과정에 초점을 맞추고 있기 때문에 '노력하는 상태'를 계속 유지하려고 합니다. 따라서 목표를 달성하지 못하도록 뇌가 간섭하는 것이지요. 이런 경우에는 메타무의식을 결과 중시형으로 바꿔 목적을 지향하고 욕구에 따라 움직여야 합니다.

◆ 사례 4 성공을 눈앞에 두고 실패하는 원인은 '너무 위대한 아버지'

D의 첫인상은 '완벽한 사업가'였습니다. 고급스러운 양복을 깔끔하게 차려입고 일본에 정식으로 발매되기 전부터 아이패드를 쓰고 있었습니다. 회사도 순조롭게 경영하고 있었고 세간의 평가도 좋았습니다.

하지만 그는 누구에게도 말할 수 없는 고민을 안고 있었습니다. 언제나 목표까지 딱 한 걸음 남은 순간에 말도 안 되는 실수를 저지르고 만다는 점이었습니다.

"이상하게 저는 마무리가 안 좋아요. 꼼꼼하게 계획을 세워서 초반
부터 중반까지는 항상 순조로워요. 그런데 꼭 막판에……."

성공이 코앞에 와 있을 때 주위를 경악시키는 말과 행동으로 신용을 잃거나 관계자에게 배신당하는 등 꼭 사고가 일어난다는 것이었습니다. 확률은 거의 100퍼센트. 저주받은 건 아닌가 골똘히 생각하다 잠 못 이루는 밤도 많았다고 합니다. 제가 가족 이야기를 들려달라고 하자 그는 가장 먼저 아버지 이야기를 했습니다.

"아들인 제가 이런 말 하기 민망하지만 아버지는 훌륭한 경영자셨어요."

이 말을 할 때 그의 표정은 동경하는 스포츠 선수 이야기를 하는 소년의 얼굴이었습니다. 어릴 적부터 아버지 뒷모습을 보고 자라며 '나도 저렇게 되고 싶다'라고 꿈꿔왔겠지요. '아무래도 이게 함정인 듯하군' 하고 저는 생각했습니다. 너무 위대한 아버지를 가진 아들 대부분이 이런 유형에 들어맞기 때문입니다.

"마음고생 많으셨겠어요. 하지만 이제 괜찮을 겁니다. 성공을 방해하는 존재는 당신의 아버지였어요."

제 말에 D는 의아해했습니다.

"무슨 말씀이신지 모르겠어요. 아버지가 저를 방해한다고요? 이미 돌아가셨는데……."
"정확히 말하면 당신 마음속에 있는 '아버지를 향한 동경'이 원인입니다. 그 마음이 너무 강한 나머지 당신의 뇌가 장난을 치고 있는 거예요."

얼떨떨한 표정의 D에게 저는 '반대로 움직이는 뇌의 구조'를 설명했습니다. 일이 잘 풀리려고 할 때 꼭 자신의 손으로 망가뜨리고 마는 구조, 그때 뇌는 이런 식으로 오작동합니다.

"'아버지는 훌륭한 사업가, 동경의 대상이다', 당신은 계속 이 말을 하고 싶은 거군요. 그럼 당신이 아버지를 뛰어넘어서는 안 되겠네요. 계속 동경하려면 말이죠. 알겠습니다! 성공하려고 하는 순간에 제가 온 힘을 다해 방해해드릴게요!"

D는 반영분석형, 문제회피형, 타인 기준형에 모두 해당했는데, 이보다 더 큰 문제는 '나는 아버지보다 열등하다'라는 잘못된 믿음이었습니다. 저는 다음과 같이 조언했습니다.

"당신은 아버지처럼 되는 것을 평가의 기준으로 삼고 있기 때문에 완벽하게 타인을 기준으로 살아가고 있는 것처럼 보입니다. 이제는 어떤 일을 해냈을 때 당신 스스로 만족할 수 있는 자기 기준을 확립해나가세요."

아버지를 향한 마음을 바로잡은 후 D는 새로운 사업을 시작해서

큰 성공을 거두었습니다. 물론 말도 안 되는 실수를 하는 일도 없어
졌다고 합니다.

◆ 사례 5 병에 걸린 원인은 부모의 지나친 간섭이었다

다섯 번째는 유방암에 걸린 E의 사례입니다. 부모는 금실이 좋고
자신에게도 매우 다정했다고 합니다. E는 그런 부모 밑에서 하고
싶은 일은 전부 해볼 수 있었고 애정 넘치는 말을 아낌없이 들으며
자랐습니다. 언뜻 보기에는 아무 문제가 없을 것 같았지만 다음과
같은 말을 듣자마자 저는 바로 답을 찾았습니다.

　"조금 과보호하는 경향이 있었어요."

　E의 부모는 이불을 걷어차면 바로 다시 덮어줬고, 평소보다 식욕
이 떨어지면 바로 병원에 데려갔다고 합니다. 기침이라도 하면 혹
시 모를 사태에 대비해서 학교를 쉬게 하는 등 비슷한 일화가 끊임
없이 나왔습니다. E는 외동딸인데, 자기가 태어나기 전에 오빠 한
명이 한 살 때 병으로 죽었다고 했습니다. 부모는 한 번 아이를 잃

고 나서 아이는 약하니까 조심해서 키워야 한다는 강한 믿음이 생겼겠지요. 어릴 때부터 애지중지 자란 E는 지금도 물론 부모를 매우 사랑합니다. 그리고 여기서 뇌는 이렇게 생각한 것이지요.

"아빠와 엄마는 내가 허약하다고 생각해. 그러니까 그 기대에 부응해줘야지! 나는 병약해야 해!"

'아이는 연약한 존재'라는 부모의 선입견을 계속 받아들인 E의 뇌가 오작동을 일으킨 것입니다. 어린아이, 특히 초등학교 저학년까지는 부모의 행복이 곧 자신의 행복이라고 착각하기 때문에 이상한 결과가 아닙니다.

"이제 부모의 기대(선입견)에 부응할 필요 없습니다. 병을 놓아줘도 괜찮아요. 그리고 부모의 기준에서 빠져나와 자신이 어떻게 살아갈지에 대해 깊게 고민해보세요."

제 조언을 실천한 결과 E는 식이습관을 조절하고 병원에 다니며 꾸준한 운동을 하는 등 스스로 병을 치료하기 위해 노력했고 그 결과 놀라운 속도로 몸을 회복하고 있습니다. 유방암에 걸리는 데는 수많은 원인이 있겠지만, 뇌의 오작동을 고친 결과 빠르게 회복할 수 있었던 것은 '부모의 행복을 위해 자신이 존재한다'는 심리적 중압감이 병을 키웠다는 반증이 아닐까 싶습니다. 말다툼 한번 하지 않은 단란한 가정에서 자라도 어느샌가 함정을 만드는 것이 바로 뇌의 까탈스러운 면모입니다.

4

나보다
머릿속 부모의 감정부터 밝혀라

우리는 머릿속 부모의
감정을 안고 살아간다

자, 이번 장부터 당신 머릿속에 숨어 문제를 일으키는 진짜 원인을 밝혀나갑니다.

"당신의 아버지는 어떤 사람이었다고 생각합니까?"

"당신의 어머니는 어떤 사람이었다고 생각하나요?"

이런 질문에 대답하다 보면 당신이 부모에게서 어떤 메시지를 받아 머릿속에 심어두었는지 알게 될 것입니다. '아, 내 메타무의식은 여기서 온 거구나'라고 실감할 수 있습니다. 부모와 이미 연을 끊은 상황이라도 괜찮습니다. 이 훈련의 목적은 '현실의 부모가 실제로 무슨 생각을 했는지'를 알아보려는 것이 아닙니다. 어디까지나 '당신 머릿속에 있는 부모의 모습'입니다. 당신이 아버지와 어머니를 각각 어떻게 해석하고 있는지 확인해보세요.

아버지와 어머니 두 분 모두에 대해 한 가지씩 신중하게 기억을 떠올리세요. 이미 세상을 떠나셨다거나 전혀 왕래가 없는 상태라도 상관없습니다. 타임머신을 타고 어린 시절로 가서 '이런 사람이었지, 저런 말을 했었지' 하고 항상 옆에 있던 부모에 대한 기억을 떠올리면 됩니다.

◆ 아버지와 어머니 모두 밝혀내는 과정이 필수

어릴 때 부모가 이혼했거나 병 또는 사고로 한 분이 안 계시는 경우에는 어떻게 하면 되는지 물어보는 사람도 있습니다. 부모와 함께 생활하지 않고 접점이 적었다면 대답하기 어려울지도 모릅니다. 그래도 반드시 부모 두 분 모두의 기억을 떠올리고자 노력하기 바랍니다. 그 이유는 다른 사람을 통해 인식한 부모의 이미지도 당신의 뇌에 입력되어 메타무의식에 영향을 주기 때문입니다.

철이 들었을 때는 이미 부모 중 한 분이 안 계셨더라도 어머니가 들려준 아버지에 관한 이야기, 아버지가 말해준 어머니에 관한 이야기라면 조금씩 기억에 남아 있지 않은가요? 외도 때문에 이혼한 가정이라면 원망이나 욕만 들었을지도 모르지요. 그래도 상관없습니다. '아내(남편)를 배신하고 마음고생시킨 최악의 인간'이라고 정의해도 좋고, '어머니(아버지)는 잔소리가 많고 불평이 많은 사람이라 집에서도 마음 편히 쉴 수 없었겠지' 하며 집 나간 부모를 동정해도 좋습니다.

없는 아버지(어머니)에 관해 보호자가 거의 언급한 적 없다거나 물어보면 안 될 것 같은 분위기였다는 사람은 부모의 부모(조부모)나 형제자매(삼촌, 고모, 이모)의 이야기를 떠올려보세요. 부모가 어릴 때 지는 것을 싫어했다, 운동신경은 나빴지만 축구는 이상하게 잘했다, 시험 전날에는 언제나 벼락치기를 했다 등 지극히 개인적인 정보를 들었을지도 모릅니다.

◆ 자신보다 부모를 먼저 검증하는 이유

이 책에서 소개하는 훈련에서는 자신의 감정에 다가가기에 앞서 부모의 감정에 먼저 접근하도록 합니다. 그 이유는 갑자기 자신을 파헤치려 하면 죄책감이나 무력감이 생겨 훈련을 지속하기 힘들어지기 때문입니다. 메타무의식이 대부분 부정적인 방향에 맞춰져 있는 사람은 특히 부담이 클 것입니다. 그러므로 먼저 부정적인 요소를 부모에게서 찾아낸 다음 간접적으로 자신이 안고 있는 문제점을 파악해봅니다.

'부모에게는 어떤 부정적인 면이 있었을까?'
'부모의 인생관은 어떤 것이었을까?'

이런 식으로 부모에 대해 한번 전체적으로 살펴본 후, 본인의 시점으로 돌아와 그때부터 자신을 파헤치기 시작합니다. 이 책에서는 최종적으로 자신에게 주어진 역할과 삶의 이유를 찾는 것이 목표입니다. 부모의 감정을 통해 접근하면 자신의 인생관과 자신에게 주어진 삶의 이유를 발견하기 쉽습니다.

◆ 선술집 메뉴를 이용해서 워밍업!

이 책에서는 머릿속 부모를 찾는 방법으로, 저의 프로그램 중에서도 특히 반응이 폭발적인 '부모 인형 탈 쓰기' 방법을 채택했습니다. 하지만 '갑자기 웬 부모 인형 탈?' 하고 당황하는 사람도 많을 것입니다. 살짝 저항감을 느끼는 사람들을 위해 워밍업부터 소개하겠습니다.

"당신의 부모를 선술집 메뉴에 빗대어볼까요?"

이런 질문에 당신은 뭐라고 대답하겠습니까?

"당신의 부모는 어떤 사람인가요?"라는 질문을 받으면 대부분은 "아버지는 평범한 직장인이에요" "어머니는 전업주부인데 아버지와 결혼하기 전에는 학교 선생님이었어요" 하고 직업을 이야기합니다. 인품이나 성격에 관해서는 의외로 이야기하기 쉽지 않습니다. 그러나 아예 생뚱맞은 무언가에 빗대보면 의외로 거침없이 대답하기도 합니다. 잠재의식이 흥미로운 이유가 바로 이 때문입니다. 음식은 특히 알기 쉽습니다.

당신이 생각하는 부모의 이미지를 음식에 빗댄다면 어떤 메뉴가 떠오르나요? 한번 상상해보세요. 저는 강의에서 메뉴를 떠올리게 한 후 이렇게 질문합니다.

"왜 그 메뉴를 떠올렸나요?"

그러면 계란말이에 빗댄 사람은 "붙임성이 좋고 누구나 좋아해서", 큐브스테이크에 빗댄 사람은 "적극적이고 주목받기를 좋아해서" 이런 식으로 대답합니다. 경제적 여유가 없는 사람은 부모를 값이 싼 메뉴에 빗대는 경향이 있습니다. 연두부샐러드, 배추절임, 오이절임 등 작은 종지에 담겨 나오는 반찬에만 빗대는 것입니다. 이유를 물어보면 "우리 부모는 그렇게 대단한 사람이 아니었으니까요"라는 대답이 돌아옵니다.

"저희 엄마는 타코와사비(문어와 와사비를 주재료로 만든 발효 음식─옮긴이) 같아요"라고 대답한 사람도 있었습니다. "왜 타코와사비인가요?" 하고 물었더니 "눈에 띄는 존재는 아닌데 막상 먹으면 코끝이 찡해서요"라고 답했습니다. 그 참가자의 기억 속에는 말수는 적지만 주변을 관찰하는 눈이 뛰어난 어머니가 있었습니다. 밖에 나가기 전에 단추를 잘못 끼웠다고 가르쳐주기도 하고, 뉴스 앵커가 불륜 스캔들에 관해 이야기하는 모습을 보고 이렇게 일침을 놓기도 했다고 합니다.

"그러는 본인도 불륜 때문에 사람들 입방아에 오르내린 적 있으면서!"

이렇게 부모를 예상치 못한 무언가에 비유하면 이런 일화가 갑자기 떠오르기도 하는 것입니다. 뇌는 기억 속에 처박아둔 사소한 정보를 잊지 않고 담아두고 있습니다. 그리고 당신이 부모의 어떤 면을 보고 어떻게 해석했는지 명확하게 가르쳐줍니다.

여유가 있다면 이 질문에도 대답해보세요.

"당신이 생각하는 이상적인 부모를 선술집 메뉴에 빗대어볼까요?"

이 대답에는 당신이 부모를 '지금' 어떻게 해석하고 있는지가 반영되어 있습니다. 자신의 어머니를 '미니샐러드'에 빗댄 후, 이상적인 부모를 '모둠회'라고 대답한 참가자가 있었습니다. "미니샐러드는 일단 채소부터 좀 먹자 싶을 때 주문하잖아요. 몸에는 좋아도 존재감은 없어서 아무도 기억 못 하는……"이라는 이유였습니다. 그러나 "모둠회는 한눈에 이목을 사로잡는 화려한 존재로, 등장하는 순간 분위기가 좋아지니까요"라고 했습니다.

이야기를 더 들어보니 학부모 참관수업 때를 기억해냈습니다. 친구의 세련되고 멋진 어머니가 부러움의 눈길을 받은 한편, 친구가 "○○네 어머니는 왔었던가?"라고 물었던 일화가 기억난 것입니다. 그는 '가꾸지 않는 여성에게는 가치가 없다'라는 잘못된 생각을 하고 있던 사실을 깨닫고 깜짝 놀랐습니다.

역할극으로 대신하는
머릿속 부모의 감정 경험

인형 탈 쓰기 훈련은 자신이 아닌 누군가로 완전히 바뀌어 머릿속 함정을 밝혀내는 것이 목적입니다. '부모의 모습을 한 인형 탈'을 쓰고 부모의 시점에서 경험한 부정적인 감정을 찾아내는 것입니다. 시작 전에는 자신의 몸이 부모의 모습을 한 인형 탈에 딱 맞도록 완전히 일체화 상태를 만들어야 합니다. 대수롭지 않게 여겨지더라도 다음 순서를 반드시 지켜주세요.

1 부모의 뒷모습을 상상하기

1미터 앞에 부모(아버지/어머니)가 서 있고 그 뒷모습을 바라보고 있다고 상상합니다.

2 부모를 인형 탈로 바꾸어 등에 달린 지퍼를 열고 입기

눈앞에 있는 당신의 부모를 '인형 탈'로 바꾸고 등에 지퍼가 달려 있다고 상상합니다. 그 지퍼를 열고 안에 들어가는 모습을 떠올리세요.

3 인형 탈이 몸에 맞도록 위치를 조정하기

부모 인형 탈을 입었다면 머리를 만져서 눈, 귀의 위치가 딱 맞게 조정합니다. 이로써 당신은 부모와 한 몸이 되었습니다. 부모 인형 탈을 쓴 채 앞으로 이어질 훈련의 질문을 살펴보고 답을 노트에 쓰세요.

4 인형 탈을 벗고 자신으로 돌아오기

답을 다 썼다면 부모 인형 탈을 벗습니다.

이제 왜 '인형 탈'을 쓰는지 설명하겠습니다. 탈을 쓴다는 접근은 '공상모방'이라는 기술을 바탕으로 하고 있습니다. 이는 노벨생리 의학상을 받은 도네가와 스스무利根川進 박사가 연구한 분야입니다. 어릴 때 애니메이션 캐릭터나 전투의 영웅이 되는 놀이를 한 적 있지요? 캐릭터를 본뜬 인형을 손에 들고 움직이면서 대사를 따라 하는 '흉내 내기'는요? 이런 놀이 모두 훌륭한 공상모방입니다.

말과 행동을 따라 하고 놀면서 아이들은 영웅이나 애니메이션

주인공의 정의감, 상냥함을 뇌에 입력합니다. '부모 인형 탈 쓰기'
도 같은 기능을 합니다. 어른은 아이보다 지식이 많기 때문에 공상
모방을 하다가 산만해지거나 딴생각하기 쉽습니다. 그래서 '부모의
모습을 한 인형 탈을 준비해서 입고 하나가 된다'라는 비일상적인
이미지를 주입해서 평소의 자신이 불쑥 튀어나오지 못하게 하는
것입니다.

　분석심리학에는 집단무의식^{collective unconscious}이라는 말이 있습니
다. 개인의 기억과 경험에 근거한 개인무의식^{personal unconscious}보다
더 깊은 곳에 있는 무의식을 뜻합니다. 살아가는 시대와 지역, 성
별, 나이, 민족 등을 초월해서 변하지 않는 정신이 인류에게 있다고
합니다. 어린아이가 정의의 용사나 애니메이션 주인공을 동경하는
것도 전 세계에서 공통적으로 나타나는 현상이지요. 이것은 인간
사회에 받아들여지는 가치관을 무의식적으로 습득하고 학습하려
는 행위입니다. 공상모방은 이 집단무의식과 관련된 방법입니다.

◆ 이때 떠올릴 부모의 이미지는 '나를 키울 때 모습'

지금부터 당신이 입을 '부모 인형 탈'은 최근의 모습이 아닙니다.

사람이 부모에게서 가장 영향을 많이 받는 초등학생에서 중학생 정도 시기의 부모를 떠올리는 것이 바람직합니다. 그 당시 부모의 사진이 있다면 부모 모습을 상상하는 데 도움이 될지도 모릅니다.

초등학생이나 중학생 때 부모라면 20대 후반에서 40대 정도일까요. 지금 당신 나이와 큰 차이가 없을 것입니다. 어린아이에게 부모는 '절대 거스를 수 없는 존재'이지만, 자라면서 지혜를 쌓은 아이는 부모에게서 지금까지 보지 못했던 모습을 보게 됩니다.

예컨대 "남을 험담하면 안 돼"라고 가르치면서 시어머니 험담을 시작하면 끝낼 줄 모르던 어머니, "한 번 정한 일은 꼭 해내야지" 하고 설교해놓고 금연 중에 가족들 몰래 담배를 피운 아버지를 어른이 되어 부모의 시점으로 살펴보면 다르게 보입니다. "이런저런 일이 많아서 그럴 수밖에 없었겠네" "지금 돌이켜보니 이해되는군" 하고 받아들이는 방식이 바뀌기도 합니다.

단 앞으로 이어질 질문에 대답할 때마다 멈추고 자신의 시점으로 돌아가면 안 됩니다. 중간에 옛날 부모를 용서할 수 있다, 없다 같은 생각을 하게 되면 '머릿속의 함정을 밝혀낸다'라는 본래의 목적에서 벗어나게 됩니다. 인형 탈을 입고 있는 동안에는 '부모 시점'을 유지하세요.

◆ 준비물은 종이와 펜 그리고 편안한 장소

'완전히 나의 부모가 된다'라는 것은 비일상적인 행위입니다. 따라서 이 훈련은 되도록 일상과 동떨어진 상황에서 실행하는 것을 추천합니다.

준비물은 질문에 대한 답을 적을 노트와 펜입니다. 스마트폰이나 태블릿컴퓨터는 불필요한 정보가 눈에 들어오기 때문에 훈련 중에는 전원을 꺼두세요.

'일상을 잊고 완전히 편안해질 수 있는 공간'이 이상적입니다. 저는 지치부(일본 사이타마현 서부에 있는 시—옮긴이)처럼 산악지대에 있는 호텔이나 료칸에 가서 이 훈련을 하는데, 잔디밭이 넓은 공원이나 아름다운 정원이 보이는 카페의 창가도 괜찮겠지요. 회사 경영자나 운동선수, 연예인에게도 중요한 행사 직전에 '반드시 같은 메밀국수 집의 같은 자리에서 식사하기' 같은 루틴이 있습니다. 당신도 꼭 '부모 인형 탈 쓰기를 할 때는 이 장소에서'라는 루틴을 만들면 좋겠습니다.

코로나바이러스감염증-19 때문에 외출을 자제하고 있거나 바빠서 장소를 찾을 여유가 없는 경우에는 집에서 하는 수밖에 없지만, 집에는 일상을 떠올리게 하는 것이 너무나 많습니다. 출퇴근 지하철이나 회사 사무실도 마찬가지입니다.

심리학에서는 어떤 장소에 갔을 때 몸과 마음에 특정 반응이 나타나는 현상을 '특정 공간에서 앵커링 효과 anchoring effect가 일어났다'라고 설명합니다. 앵커 anchor란 배가 떠내려가지 않도록 물 밑바닥에 가라앉혀두는 닻을 가리키는데, 앵커링 효과는 특정 장소에 연결된 조건반사라고 생각하면 쉽습니다. 특정 공간이나 상황, 신체에 가해지는 자극이 특정 감정과 이어진 상태를 일컫는 것이지요. 도서관에서 집중이 잘되고 신사에 가면 마음이 경건해지는 것이 그 예입니다.

집은 편안한 장소이기는 하지만 재택근무 중이라면 업무 관련 서류가 테이블 위에 있고, 자녀가 있는 집이라면 장난감이 바닥에 굴러다니고 있을 것이며 치우지 않은 컵이 눈에 띄는 등 좀처럼 비일상적 기분에 젖기 어렵습니다. 잠깐은 집중한다고 해도 중간에 자신의 생각 버릇이 나오기 때문에, 부모의 과거가 아닌 자신의 과거에 초점을 맞추기 십상입니다.

집에서 이 훈련을 할 때는 앵커링 효과가 일어나지 않도록 노력해야 합니다. 어질러진 방을 바로 치우기 어려울 때는 엉망인 장소를 큰 천으로 덮어 감추는 임시방편도 좋겠지요. 방 전등을 끄고 메모를 할 수 있을 정도의 독서등만 켜두는 방법도 추천합니다.

예를 들면 당신이 의자에 앉아 있습니다. 그대로 앉으면 그 의자는 '일상의 공간'이 되지만 의자의 각도만 바꿔도 시점이 달라집니다. 자, 이제 부모의 인형 탈을 입을 때 앉은 의자의 방향을 90도 또는 180도 돌려보세요. 이렇게만 해도 '지금부터 평소와 다른 행동을 할 거야'라고 뇌에 자극을 줄 수 있습니다.

의자가 두 개 있다면 인형 탈을 입을 때 다른 의자로 이동하는 것도 좋습니다. 항상 앉는 의자 바로 옆에 다른 의자를 두고 '여기가 아버지(어머니) 자리'라고 정해둔 뒤, 부모 인형 탈 쓰기를 시작함과 동시에 일어서서 '부모 의자'로 가서 앉는 것이지요. 두 명 이상 앉을 수 있는 소파라면 항상 앉던 자리에서 일어나 옆으로 옮겨 앉습니다.

아주 조금만 이동해도 같은 장소에 앉아 인형 탈을 쓰는 것보다 자연스럽게 의식을 전환할 수 있게 됩니다. 훈련을 끝내거나 잠시 중단할 때는 등에 달린 지퍼를 내리고 인형 탈을 벗어 자신의 위치로 돌아옵니다.

♦ 잘 몰라도 계속 질문하면 뇌가 움직인다

이제 본격적으로 훈련을 시작해보겠습니다. 훈련 중에 나오는 질문들에는 실패, 좌절, 상처 등 부정적인 단어들이 쭉 나열되어 있습니다. 보기만 해도 마음이 무거워질 수 있겠지요. 심지어 지금까지 살아오면서 거의 생각해본 적 없는 질문도 있으니 '어떻게 대답해야 할지 모르겠어' 하고 곤혹스러울지도 모릅니다.

당연한 반응입니다. 제 강의에서도 모든 질문에 막힘없이 술술 대답하는 사람은 거의 없습니다. 그러나 '모르겠다' 또는 '비슷한 질문밖에 없어서 지겹네' 하는 생각이 들더라도 건너뛰거나 도중에 그만두지 않고 모든 질문에 대답하기를 바랍니다. '부모 인형 탈을 쓴다'라는 설정에는 "이봐, 뭘 하려는 거야?" 하고 뇌를 자극하려는 의도가 있는데, 이 질문들도 마찬가지입니다. 평소에 받지 않는 질문을 끊임없이 던지면서 뇌를 더욱 자극해 지금까지 없던 움직임을 만드는 것입니다.

예를 들어 사건이나 사고의 목격자를 조사할 때 경찰은 다양한 각도에서 여러 번 질문한다고 합니다. "몇 시쯤이었나요?"라고 물을 때 "음, 시계를 안 봐서 잘 기억이 안 나네요"라고 답한 사람도 "그때 무슨 소리가 들리진 않았나요?"라는 질문을 받으면 "그러고 보니 선거 유세차가 지나가면서 여성 선거운동원이 후보자 이름을 계속 외치고 있었어요"라거나, "이어폰으로 음악을 듣고 있어서 소리는 못 들었는데 빵집에서 막 구운 빵 냄새가 났어요"라고 답하기도 합니다. 둘 다 사건이나 사고와는 상관없는 일이지만 시간대를 특정할 수 있는 유력한 단서가 되지요.

이렇듯 질문 방식에 따라서 뇌의 활동 방식이 바뀌면 생각지 못했던 것을 기억하게 됩니다. 또 시간 간격을 두고 의도적으로 같은 질문을 하는 것도 좋다고 합니다. 같은 질문을 반복해서 들으면 생각나지 않던 기억이 불쑥 떠오르기도 하기 때문입니다. 일상생활에서도 자주 경험하지요.

"이번에 발령받아서 오신 부장님, 맥주 광고에 나온 배우랑 닮지 않았어? 이름이 뭐더라. 마흔 살 정도인데 전에 와이드쇼 사회 봤었던…… 아, 얼굴은 떠오르는데 이름이……!"

이럴 때 당시는 생각나지 않다가 며칠 후 갑자기 '맞다! ○○였지' 하고 떠오른 경험이 있지 않나요? 저도 최근에 어느 연예인 이름을 아무리 떠올리려 해도 생각나지 않다가, 이틀 후에 갑자기 생각 나는 경험을 했습니다. 잠시 멈추고 다른 생각을 해도 뇌는 계속 그 생각을 하고 있었던 것입니다.

이 훈련은 평소에 쓰지 않는 뇌를 활성화해서 부정적인 감정에 접근하기 때문에 집중하다 보면 꽤 지칩니다. 도중에 힘들어지면 쉬세요. 꼭 모든 질문을 한 번에 끝낼 필요는 없습니다.

'이번 주에는 아버지, 다음 주에는 어머니 탈을 써봐야지.'
'이 훈련은 두세 번 나눠서 해야지.'

이런 식으로 무리하지 않는 속도로 진행하세요. 단 중단할 때는 반드시 인형 탈을 벗는 장면을 머릿속에 그리기 바랍니다. 자, 이제 드디어 실전입니다.

◆ STEP 1 부모가 되어 그 인생을 간접 체험하자

먼저 부모로 변신해서 부모가 실패하거나 인내했던 경험, 아팠던 일 등을 떠올려봅니다. 어떻게 대답해야 할지 모르는 사람들을 위해 각 질문들에 관한 답변의 예시도 같이 적어놓았습니다.

◎ 1 아버지/어머니는 인생에서 어떤 실패, 좌절, 고통을 겪었나요?

아버지 : 승진 시험에서 떨어진 후 입사 동기에게 콤플렉스를 갖고 있었다.

어머니 : 아르바이트하는 곳에서 잘못을 뒤집어썼는데 아무도 감싸주지 않았다.

◎ 2 아버지/어머니는 살면서 어떤 일을 참거나 포기한 적이 있나요?

아버지 : 강제로 관심 없는 부서에 발령받았지만 월급쟁이의 운명이라며 받아들였다.

어머니 : 장남에게 시집와 어쩔 수 없이 시부모와의 동거를 받아들였다.

◎ 3 아버지/어머니는 병을 앓거나 다친 적이 있나요?

아버지 : 고등학생 때 오토바이 접촉 사고로 다리를 다쳤다.

어머니 : 40대 초반에 자궁근종 수술을 받았다.

◎ 4 아버지/어머니는 자신의 어떤 점이 부족하다고 생각했나요?

아버지 : 외국어에 약하다. 특히 듣기에 자신이 없다.

어머니 : 정리 정돈 능력이 부족했다. 테이블 위에 물건을 늘어놓기 일쑤였다.

◎ 5 아버지/어머니는 인생에서 어떤 일에 열중했나요?

아버지 : 업무에 필요한 자격증을 땄다.

어머니 : 열심히 공부해서 추천을 받아 대학교에 입학했다.

◎ 6 아버지/어머니는 주변 사람들에게 어떤 평가를 받았다고 생각하나요?

아버지 : 막무가내이지만 믿음직스러운 면도 있다.

어머니 : 미의식이 높고 세련된 사람이다.

아버지/어머니는 인생에서 누구를 탓한 적이 있나요? 그렇다면 그 사람에 대해 왜 불만이나 체념, 분노 등을 느꼈나요?

아버지 : 강제로 가업을 잇게 한 아버지. 병을 핑계로 집에 불러들인 것은 비겁했다.

어머니 : 남동생은 행실이 나빠 항상 부끄러웠다. 그런 남동생에게 오냐오냐하는 어머니에게 화가 나 있었다.

◆ STEP 2 머릿속 부모는 자신의 인생을 훌륭하다고 느끼는가

아버지, 어머니 인형 탈을 각각 써보니 어떤가요? 방금은 부모의 부정적 감정에 집중했습니다. 이번에는 그런 부모가 지금까지 자신의 인생을 종합적으로 어떻게 받아들이고 있는지 살펴볼 차례입니다. 질문은 총 네 가지입니다.

Q1에서는 과거의 아버지, 어머니가 되어 '멋진 인생을 살고 있는지' 되돌아보세요. STEP 1에서 부정적인 감정을 중점적으로 끄집어냈기 때문에 '아니오'라고 대답하는 사람이 많을 것입니다.

Q2는 간단하지 않습니다. 그러나 부모 인형 탈을 쓰고 앞의 질문에 대답한 후라면 부모의 기억을 모방함으로써 구체적인 사건이 다양하게 떠오를 것입니다. 밖에서는 즐거운 척했지만 집에 돌아와 가족에게만 보이는 모습이 있었을지도 모릅니다. 인간관계, 건

강, 수입, 결혼생활 등 모든 면이 완벽한 사람은 드뭅니다.

Q3에서는 부모가 품고 있는 부정적 믿음을 떠올려보세요. 젊은 시절 꿈꾸었지만 이루지 못한 '또 다른 인생'을 생각해보면 대답하기 쉬울지도 모릅니다. '장남이라서 가업을 이을 수밖에 없었다' '남동생보다 성적이 좋은데도 대학교에 보내주지 않았다' 등으로 부모에게 받았던 억압, '취업난 때문에 가고 싶었던 기업에 입사하지 못했다'와 같은 사회의 흐름에 희생되었다는 믿음 등 분명히 뿌리가 깊은 믿음이 있을 것입니다.

지금까지의 답을 되짚으면서 마지막 Q4에서는 '당신 자신의 시점'에서 대답해보세요.

훈련2_ 머릿속 부모는 자신의 인생을 훌륭하다고 느끼는가

Q 1 부모는 자신의 인생이 훌륭하다고 생각하나요?

　　※ '예'라고 대답한 사람은 Q4로 넘어가세요.

　　　'아니오'라고 대답한 사람은 Q2로 넘어가세요.

Q 2 부모가 '내 인생은 훌륭해'라고 생각하지 못하는 이유는 무엇입니까?

Q1에서 '예'라고 대답한 사람은 만족스러운 표정을 한 부모의 얼굴이 떠오를 것입니다. "의사가 불임이라고 해서 아이를 포기했는데 네가 태어나서 정말 기뻤어"라고 말하는 어머니, "사업을 막 시작할 때는 외로웠지만 위기의 순간에 항상 도와주는 사람이 있었어. 나는 참 운이 좋아" 하며 기분 좋게 반주를 하던 아버지 등 이루지 못한 것이 있어도 모두 잊고 지금의 인생을 즐기는 모습들이지요. 실제로는 그렇지 않더라도 당신에게는 그렇게 보이고 있다는 것이 중요합니다.

Q1에서 '아니오'라고 대답한 사람은 부모의 멋지지 않은 인생이 당신에게 어떻게 투영되고 있을지 생각해봅시다. 머릿속 부모가 품은 믿음을 찾아낼 수 있는 실마리는 당신의 기억에 있는 부모의 부정적인 말이나, 말로 하지는 않았어도 무심코 내비친 태도입니다. 그러나 당신이 알아채지 못한 믿음이 여전히 어딘가에 숨어 있

을지도 모릅니다. 다음 단계에서는 그것을 깊게 파헤치겠습니다.

◆ STEP 3 부모의 부정적인 경험을 객관적으로 살펴보다

지금부터는 부모의 부정적인 경험을 객관적으로 밝혀내는 질문을 합니다. 부모 인형 탈 쓰기 훈련을 하기 전에도 설명했지만, 다양한 각도에서 부모를 분석하다 보면 기억나지 않던 정보가 불쑥 떠오르는 경우가 있습니다. 열여섯 가지의 질문이 준비되어 있으며 답할 수 있는 질문에는 되도록 구체적으로 대답해보세요. 여기에서도 어떻게 대답해야 할지 모르는 사람들을 위해 답변의 예시를 같이 적어놓았습니다.

훈련3_ 부모의 부정적인 경험을 객관적으로 살펴보다

ⓞ 1-1 어떤 괴로운 감정을 느꼈나요?

불안, 고독, 허무, 질투

ⓞ 1-2 그런 감정이 커져서 막다른 곳에 다다른 적이 있나요? (예/아니오)

1-3 ('예'라고 대답한 경우) 그 감정은 언제, 어떤 상황에서 느꼈나요?

병이 오랫동안 낫지 않았을 때, 자녀가 수험에 실패했을 때, 억지로 학부모회 임원이 되었을 때.

1-4 당신은 그런 부모를 보며 어떻게 생각했나요?

'저렇게 힘들어하는 모습은 보고 싶지 않아.' '신경 안 쓰면 될 텐데.' '나 때문에 고생하시네.'

2-1 사람들에게 '사랑받고 싶어' 또는 '미움받기 싫어'라고 생각한 적이 있나요? (예/아니오)

2-2 ('예'라고 대답한 경우) 그 감정은 언제, 어떤 상황에서 느꼈나요?

마음에도 없는 아첨을 자주 했다. 술이 약한데 무리해서 마셨다.

2-3 당신은 그런 부모를 보며 어떻게 생각했나요?

'나도 미움받지 않게 조심해야지.' '나는 무리하면서까지 다른 사람에게 맞추기 싫어.'

3-1 경제적으로 힘든 일이 있었나요? (예/아니오)

3-2 ('예'라고 대답한 경우) 당신은 그런 부모를 보며 어떻게 생각했나요?

'나는 돈 때문에 고생하고 싶지 않아.' '낭비하니까 그렇지.'

4-1 부모나 형제자매 사이에 불화가 있었나요? (예/아니오)

Q 4-2 ('예'라고 대답한 경우) 당신은 그런 부모를 보며 어떻게 생각했나요?

'나는 가족과 싸우기 싫어.' '가족은 고를 수 없으니까 어쩔 수 없지.'

Q 5-1 부모나 형제자매 외의 대인관계를 어려워했나요? (예/아니오)

Q 5-2 ('예'라고 대답한 경우) 당신은 그런 부모를 보며 어떻게 생각했나요?

'적당히 거리를 두면 될 텐데.' '상대방이 잘못했으면 끝까지 항의해야지.'

Q 6-1 노력하고 고생하는 경험은 중요하다고 생각하나요? (예/아니오)

Q 6-2 ('예'라고 대답한 경우) 당신은 그런 부모를 보며 어떻게 생각하나요?

'나도 노력이나 고생은 중요하다고 생각해.' '그런 가치관은 한물갔어. 나는 편하게 살래.'

Q 7-1 '약점을 들키면 안 돼'라고 생각한 적이 있나요? (예/아니오)

Q 7-2 ('예'라고 대답한 경우) 그 감정은 언제, 어떤 상황에서 느꼈나요?

입원한 사실을 숨겼다. '못한다는 말 금지'가 입버릇이었다.

Q 7-3 당신은 그런 부모를 보며 어떻게 생각했나요?

'나도 약점이 들키는 것은 부끄러워.' '힘들 때는 도움을 청하면 될 텐데.'

Q 8-1 불평, 불만을 자주 말했나요? (예/아니오)

◎ 8-2 ('예'라고 대답한 경우) 어떤 상황에서, 어떤 내용으로 불평 또는 불만을 말했나요?

부부 싸움을 하고 나서 "이런 사람과 결혼하지 말걸"이라고 말했다. 퇴근하고 돌아오면 "아이고, 피곤해"라며 큰 소리로 말했다.

◎ 8-3 당신은 그런 부모를 보며 어떻게 생각했나요?

'이성을 보는 눈이 없었구나.' '나는 저렇게 불쾌한 사람이 되지 말아야지.'

◎ 9-1 새로운 경험을 두려워한 적이 있나요? (예/아니오)

◎ 9-2 ('예'라고 대답한 경우) 어떤 상황에서 그렇게 느꼈나요?

스마트폰 결제가 무섭다며 절대 쓰지 않았다.

◎ 9-3 당신은 그런 부모를 보며 어떻게 생각했나요?

'안 하는 사람 손해지 뭐.' '나는 항상 새로운 것에 도전해야지.'

◎ 10-1 과거의 부정적인 경험에 휘둘린 적이 있나요? (예/아니오)

◎ 10-2 ('예'라고 대답한 경우) 어떤 상황에서 그렇게 느꼈나요?

친척 모임에서 마음 상하는 말을 들은 후 몇 번이나 곱씹으며 화냈다.

◎ 10-3 그런 부모를 보며 당신은 어떻게 생각했나요?

'나는 과거의 부정적인 기억에 휘둘리고 싶지 않아.'

Q 11-1 '나는 가치가 없다'라고 느끼나요? (예/아니오)

Q 11-2 ('예'라고 대답한 경우) 어떤 상황에서 그렇게 느꼈나요?

'내 주제에 무슨'이 입버릇이었다, '내 재능이라곤 참는 것밖에 없지'라며 투덜거렸다.

Q 11-3 당신은 그런 부모를 보며 어떻게 생각했나요?

'반응해주기 어려운 말은 좀 하지 말지.' '나도 딱히 재능이 없어.'

Q 12-1 죄책감을 가진 적이 있나요? (예/아니오)

Q 12-2 ('예'라고 대답한 경우) 어떤 상황에서 그렇게 느꼈나요?

사고 난 후 재활 치료를 할 때, 수입이 줄어 자녀의 학습을 중단했을 때.

Q 12-3 당신은 그런 부모를 보며 어떻게 생각했나요?

'나는 가족에게 민폐 끼치지 말아야지.' '그런 말을 듣는 내가 오히려 죄책감을 느낄 것 같아.'

Q 13-1 '모든 것을 내 맘대로 통제하고 싶다'라고 느낀 적이 있나요? (예/아니오)

Q 13-2 ('예'라고 대답한 경우) 어떤 상황에서 그렇게 느꼈나요?

친척 모임에서 악착스럽게 앞장서 지휘했다, 다른 가족이 집안일을 도와주면 꼼꼼하지 못하다며 내가 다시 했다.

ⓠ 13-3 당신은 그런 부모를 보며 어떻게 생각했나요?

'자랑스러운 부모였다.' '자신의 방식을 강요하는 사람이 되기 싫어.'

ⓠ 14-1 '아무도 나를 알아주지 않는다'라고 느낀 적이 있나요? (예/아니오)

ⓠ 14-2 ('예'라고 대답한 경우) 어떤 상황에서 그렇게 느꼈나요?

집에 오면 회사와 상사의 험담이 끊이지 않았다. "집안일 해봐야 칭찬해주는 사람이 아무도 없어!"라며 화냈다.

ⓠ 14-3 당신은 그런 부모를 보며 어떻게 생각했나요?

'나는 내 능력을 제대로 평가받을 수 있는 일을 해야지.' '속 좁게 고작 그런 일로 화내다니.'

ⓠ 15-1 다른 사람들을 믿을 수 없다고 느낀 적이 있나요? (예/아니오)

ⓠ 15-2 ('예'라고 대답한 경우) 어떤 상황에서 그렇게 느꼈나요?

자녀에게 '중대한 고민은 친구에게 털어놓지 마라고 자주 말했다. 잔돈을 받으면 액수가 맞는지 무조건 확인했다.

ⓠ 15-3 당신은 그런 부모를 보며 어떻게 생각했나요?

'참 외로운 인생이네.' '일일이 사람을 의심하면 지칠 것 같아.'

ⓠ 16-1 내 인생은 따분하다고 생각했나요? (예/아니오)

16-2 ('예'라고 대답한 경우) 어떤 상황에서 그렇게 느꼈나요?

돈을 아껴야 한다는 이유로 인간관계를 피했다. 휴일에 할 일이 없다는 이유로 청소를 한 적이 많았다.

16-3 당신은 그런 부모를 보며 어떻게 생각했나요?

'돈에 집착하는 인생은 싫어.' '나는 휴일에 취미를 즐기는 인생을 살고 싶어.'

질문이 많아서 조금 지쳤을지도 모르겠네요. 하지만 부모의 부정적인 경험과 그에 따른 감정을 객관적으로 밝혀내고 당신의 해석을 덧붙이면 무언가가 새롭게 보이지 않나요? 아마도 아버지, 어머니의 잘못된 믿음을 바탕으로 한 언어 습관에, 어느새 당신의 가치관도 영향을 받아 형성되었다는 사실을 깨달았을 것입니다. '이런 사고방식은 완전히 구식이지!'라며 가볍게 비꼬며 넘어갈 만한 경험이었을지도 모릅니다. 하지만 부모를 부정해도 웃어넘길 수 있을 정도로 가벼운 감정이라면 뇌는 당신의 인생에 그렇게 나쁜 장난은 치지 않습니다.

이러한 연결고리가 보이는데도 '부모처럼 되기 싫어' '이런 건 말도 안 돼'라는 반발심을 계속 가지면 어떻게 되는지 아나요? 그렇습니다. 2장에서 설명한 성가신 뇌의 오작동이 일어나는 것입니다.

"저렇게 되기 싫다고 계속 말하고 싶은 거군요! 알겠습니다!"

반대로 '나도 저렇게 되어야지!' '아버지(어머니) 인생 최고!'라는 생각에도 똑같은 위험이 도사리고 있습니다.

"되고 싶다고 계속 말하고 싶은 거라면 부모처럼 되면 안 되겠군요. 알겠습니다!"

이번 열여섯 가지 질문에 나온 부모의 믿음 중 당신이 지금까지 특히 신경이 쓰였던 감정은 어떤 것이었나요? 다음 단계에서는 그 감정에 접근해보겠습니다.

◆ STEP 4 머릿속 부모는 내 인생에 어떤 영향을 주었는가

'머릿속 부모'에게서 받은 가치관이나 인생관은 아이에서 어른으로 성장해가는 과정에서 당신 뇌에 정착해, 좋은 쪽으로든 나쁜 쪽으로든 영향을 미쳐왔을 것입니다. 그중에는 '어라? 이건 모순 아닌가?' '부모는 이렇게 말해도 지금 시대에는 안 맞지' 하고 깨달은 후 잊어버린 것도 있겠지요. 그러나 머릿속에 부정적인 믿음이 남아 있다면 그것은 당신의 발목을 잡는 함정이 됩니다.

그 함정은 친절하게 "당신을 도와줄게요" "피가 되고 살이 되는 말이에요"라며 말을 걸고 깃발을 흔들며 '이쪽이야' 하고 앞장서서 당신을 이끕니다. 하지만 그 앞에 기다리고 있는 종착지가 정말로 당신이 바라던 곳일까요? 앞으로 나아갈수록 불안하고 고통스럽다면 잠시 걸음을 멈추는 편이 좋습니다. 이제부터는 당신이 가진 '현재의 부정적 감정'을 찾아가면서, 아까 밝혀낸 '부모 인생에 대한 해석'이 어떻게 영향을 끼쳤는지 확인해봅시다.

훈련4_ 머릿속 부모는 내 인생에 어떤 영향을 주었는가

Q 1 당신은 어떤 부정적인 감정을 반복해서 느끼나요? 다음 중 해당하는 것에 모두 체크하세요. 보기에 없다면 직접 추가해도 좋습니다.

☐쓸쓸함 ☐슬픔 ☐고독 ☐중압감 ☐분노 ☐동정심 ☐우울 ☐실망 ☐비참함 ☐떨떠름함 ☐상실감 ☐굴욕감 ☐무력감 ☐열등감 ☐실패감 ☐소외 ☐괴로움 ☐죄책감 ☐수치스러움 ☐증오 ☐공허

Q 2 어떤 사건을 계기로 Q1의 감정을 품게 되었나요?

소외감: 휴식 중 동료들과 잡담에 어울리지 못했다.

무력감: 맡은 프로젝트 달성을 실패했다.

Q 3-1 Q1, Q2의 답변을 돌이켜봤을 때 부모와 비슷한 상황에서 비슷한 감정을 느낀 적이 있나요? (예/아니오)

Q 3-2 ('예'라고 대답한 경우) 어떻게 부모와 똑같다고 생각하는지 구체적으로 적어 보세요.

외로운 건 싫어: 최근에 친구들이 나와 어울려주지 않는다. 회사에서 따돌림당하는 느낌이 든다.

나는 가치가 없어: 회사에서 인정받지 못해. 집에서도 남편이 날 이해해주지 않는 것 같아.

어떤가요? 당신이 품고 있는 부정적 감정은 아까 밝혀낸 '부모를 해석하면서 생겨난 부정적 감정'과 거의 일치했을 것입니다. 상사의 험담을 하며 투덜대는 부모를 보고 '나는 공정하게 평가받을 거야'라고 마음을 다잡았지만, 현실에서는 불합리한 평가를 받아 억울한 경험을 했을 수도 있습니다. 또 가족에게 헌신하는 부모를 보고 '고리타분해. 나는 자유롭게 살 거야'라고 생각했는데 현실에서는 연인에게 휘둘려 고생했을 수도 있습니다. 이처럼 인생이 원하는 대로 이루어지지 않는 정도가 아니라 오히려 정반대로 향하는 사람은, 부정적 감정의 원인을 찾아가 보면 머릿속 부모의 잘못된 믿음에 도달하게 됩니다. 그리고 나서 '아, 그랬구나. 이게 원인이었어!' 하고 이해하게 되지요.

머릿속 부모의 감정이
나의 태도가 되지 않게

갑작스러운 질문입니다만, 당신은 규칙을 잘 지키는 사람인가요? 빨간불에는 반드시 멈추고 제한속도는 무조건 지키나요? "아니, 그런 건 당연하잖아요!"라고 대답하는 사람이 대부분이겠지요. 하지만 세상에는 당신 같은 사람만 있는 것이 아닙니다.

"한밤중에 다른 차도 없고 사람도 안 다니는 곳이라면 신호는 의미
가 없잖아요."

이렇게 자기만의 논리로 공중도덕을 지키지 않는 사람이 있습니다. 뉴스를 보면 터무니없는 '자신만의 규칙'을 방패로 범죄를 저지르는 사람이 끊이지 않습니다.

반면에 자기만의 과도한 규칙을 만들고 거기에 얽매인 사람을 보면 규칙을 조금 수정할 필요가 있겠다는 생각도 합니다. 업무 목

표나 꿈을 달성하기 위한 자신만의 규칙이라면 상관없지만, 다른 사람에게도 그것을 강요하고 생각대로 되지 않으면 격렬하게 분노를 드러내는 경우도 있기 때문입니다.

◆ 규칙을 지키지 않는 사람을 보고 화가 나는 일이 잦다면

예를 들면 마스크 문제입니다. 2020년 이후에는 '마스크를 둘러싼 소동'이 세상을 떠들썩하게 했습니다. 코로나바이러스감염증-19는 비말로 감염되기 때문에 콧물이나 침이 튀지 않도록 집 밖에서는 마스크를 착용하도록 권고하고 있습니다. 그런 와중에 마스크를 쓰지 않은 사람이 음식점에 들어가는 것을 거절당해서 싸움이 일어나기도 했고, 비행기 내에서 마스크 착용을 거부한 사람이 승무원의 팔을 잡고 소동을 일으켜 비행기에서 쫓겨나기도 했습니다.

여기서 제가 주목하는 것은 마스크 착용 여부의 옳고 그름이 아닌, '규칙을 지키지 않는 사람에 대한 부정적인 감정'입니다. 저는 규칙을 잘 지키는 사람일수록 이 감정에 더 쉽게 휘둘린다고 생각합니다. '내 행동이 100퍼센트 옳다'라는 확신 때문에 다른 사람의 '바람직하지 않은 행위'에 예민하게 반응하는 것입니다.

마스크의 경우, 그 정의감으로 상대를 밀어붙이고 억지로 바로잡으려고 합니다. 바로 '마스크 경찰'이라고 야유받는 사람들입니다. "다들 더워도 참고 마스크 쓰는 건데 저 녀석은 뭐야!" "마스크를 써도 코를 내놓고 있으면 소용없어!" "심지어 KF94 마스크도 아니잖아. 생각 없는 녀석!" 하고 분노가 솟구쳐 오르는 것입니다.

규칙을 지키는 것은 사회인으로서 중요한 일이지만 그 규칙을 너무 의식하는 것도 위험합니다. 특히 '~해야 한다' '~하면 안 된다'가 입버릇인 사람은 메타무의식으로 보자면 대개 '의무형'에 해당하는데, 이 유형에 해당하는 사람의 뇌에서는 고통회로가 움직이기 쉽습니다.

당신이 만약 의무형에 해당하는 것 같다면 가진 신념을 다음과 같이 새롭게 바꿔보면 어떨까요?

서두르는 사람을 위해 에스컬레이터 한쪽을 비워둬야 한다.
▶ 급한 사람은 계단을 이용하면 된다.

건강한 사람은 지하철 노약자석에 앉으면 안 된다.
▶ 좌석에 여유가 있으면 앉았다가 혼잡할 때 양보하면 된다.

이런 식입니다. 규칙이나 예의에 민감한 사람은 업무, 집안일, 인간관계에도 세세하게 규칙을 정하는 경우가 많다고 합니다. 그중에는 머릿속 부모에게 영향을 받은 것도 있겠지요.

'정말로 이게 필요한가?' '하지 않아도 괜찮은 거 아닐까?' 하고 의심해보세요. 주변 사람에게는 '해도 되고 안 해도 되는 일'이거나 '하지 않는 게 좋은 일'일지도 모릅니다. 참고로 화장실 휴지 끝을 세모로 접어두는 것은 청소 직원이 청소를 끝낸 객실임을 알리기 위해 시작한 신호이지, 화장실을 이용한 사람이 뒷사람을 배려하는 매너는 아니라고 합니다. 씻지 않은 손으로 화장지를 접었다고 생각하면 기분이 이상해서 싫어하는 사람이 있다는 이야기를 듣고, 저도 '그렇긴 하네' 하며 공감했습니다.

누군가 정한 규칙을 따른다는 것은 타인을 기준으로 살아간다는 뜻입니다. 자신을 얽매는 규칙을 하나씩 줄여서 뇌의 부담을 덜어주세요. 그러면 분노의 감정에 휩싸이는 횟수도 줄일 수 있습니다.

◆ 나는 어떤 기준이 어긋나면 부정적 감정을 느끼는가?

내 안의 '이래야 한다' '이러면 안 된다'라는 기준에서 벗어나는 일을 목격하고 부정적인 감정이 생긴다면 되짚어보세요. 아까 훈련4 Q1에서 선택했던 부정적 감정의 배경에 '이래야 한다' '이러면 안 된다'라는 기준이 숨어 있지는 않았나요?

당신이 아닌 누군가가 당신 내면에 있는 기준을 따르지 않았기 때문에 부정적 감정이 생겨나는 것입니다. 부정적인 감정을 일으키는 원인인 당신 안의 '이래야 한다' '이러면 안 된다'라는 기준에는 어떤 것이 있을까요?

다음 중에서 해당하는 항목에 체크해보세요.

☐ 다른 사람은 나에게 상냥해야 한다.

☐ 다른 사람은 나를 올바르게 평가해야 한다.

☐ 약점을 들키면 안 된다.

☐ 돈은 힘들게 노력해서 벌어야 한다.

☐ 편하게 결과를 얻어서는 안 된다.

☐ 다른 사람을 휘둘러서는 안 된다.

☐ 성과를 내지 못하는 사람은 가치가 없다.

☐ 화내면 안 된다.

☐ 완벽해야 한다.

☐ 부모나 나보다 나이가 많은 사람의 뜻을 거스르면 안 된다.

◆ 내가 분노하는 순간은 부모가 욱했던 상황일 수 있다

다음으로 당신이 설정한 전제(나만의 규칙)를 분야별로 검증해보 겠습니다. 먼저 부모와 자신의 규칙(기준)을 상황별로 비교해봅시다. 당신은 살아가면서 다음과 같은 전제에 따라 움직인 적이 있습니까? 있다면 그 전제는 당신에게 어떤 영향을 주고 있는지 대답해보세요.

· 부모가 위, 아이는 아래다.

· 부모의 뜻을 거스르면 안 된다.

· 부모 때문에 자유롭지 못하다.

· 부모 때문에 하고 싶은 일을 못 한다.

1945~1955년쯤 일본에서는 부모가 위이고 아이가 아래라는 인식이 당연했습니다. 지금은 이런 가치관을 거의 볼 수 없게 되었지만 아직 남아 있는 가정도 있겠지요. 당신의 부모도 조부모 세대부터 이런 가치관을 이어왔다면 '부모의 뜻을 거스르면 안 된다'라는 전제에 따라 움직이고 있는지도 모릅니다. 합리적인 이유를 설명해주지 않은 채 '무조건 부모가 하는 말을 따라야 한다'라는 말을

들으면서 억눌려 지냈던 기억이 있지 않나요?

이어서 다른 영역에 대해서도 되짚어봅시다. 다음 항목에 대해 부모와 자신의 가치관을 각각 적어 비교해봅니다.

- 사업
- 금전·수입
- 인간관계
- 연애·결혼
- 외모·건강
- 남성적 표현, 여성적 표현
- 학업
- 진로 부분
- 장래에 이루고 싶은 꿈

각각의 영역에서 스스로 전제를 정하고 움직이지는 않았는지 되돌아보세요.

남성적 표현, 여성적 표현이라는 항목에서는 젠더(남녀의 성차) 가치관에 대해 대답해보세요. 남자아이를 원했던 아버지 때문에 억지로 남자아이 옷을 입고 축구공을 가지고 놀아야 했던 여성이라면, 여자로 태어난 자신에게 가치가 있다고 느끼기 어려웠을지도 모릅니다. 또는 여자아이는 예쁘게 꾸미면 위험하다(성범죄 피해를 당하기 쉽다)는 이유로 세련된 옷을 사주지 않거나 어른이 될 때까지 화장을 못 하게 하는 어머니 밑에서는 또 다른 억압을 받았겠지요.

이렇게 남성적 표현, 여성적 표현을 억압받거나 강요받으며 자란 사람은 그 역효과로 '남자는 ○○해야 해' '여자는 ○○해야 해'라는 전제를 만드는 경우가 있습니다. 부모가 갖고 있었을 것으로 짐작되는 전제와 비교하면서 곰곰이 생각해보세요.

◆ 뇌에 각인된 국가 간 사고방식의 차이가 다른 인생을 만든다

부모와 당신이 무의식적으로 형성해온 가치관 중에는 태어나고 자란 나라 전체에 상식으로 뿌리내린 것도 많습니다. 그중 시대의 흐름과 함께 변한 가치관도 있지만, '튀는 행동을 하지 않는다' '유행에 민감하게 반응한다' 등 뿌리가 깊어서 변하지 않고 사람들의 행복지수에도 영향을 끼치는 가치관이 있습니다.

국제연합이 제정한 세계 행복의 날을 기념해서 해마다 발표되는 '세계 행복지수 순위'를 알고 있나요? 2021년에 발표된 2018~2020년까지 일본의 평균 순위는 56위였습니다. 그 이전보다는 순위가 어느 정도 오르긴 했지만 아쉽게도 선진국 중에서는 최하위였습니다. 순위 상위권은 4년 연속 1위인 핀란드를 비롯해 노르웨이, 덴마크와 북유럽 국가들이 차지했습니다.

2위를 차지한 덴마크는 상당히 흥미로운 나라이기 때문에 일본과 비교해보겠습니다. 덴마크는 세금을 많이 내는 것으로 유명하지만 그 세금은 복지로 충실하게 돌아옵니다. 의료비와 교육비가 무료이기 때문에, 일본처럼 집이 가난해서 대학교에 가지 못하거나 직장인이 되어서도 계속 학자금을 갚아나가는 사람이 없습니다. 덴마크 사람 대부분이 성수기를 제외하고는 잔업을 거의 하지 않고 저녁 다섯 시에는 퇴근해서 가족과 단란한 시간을 보내거나 취미를 즐깁니다. 일본처럼 죽기 살기로 일하지 않는다고 합니다.

인간관계에서는 외모나 소지품 등 겉모습을 칭찬하면 불쾌해합니다. 이런 면도 일본인이 보기에는 독특하지요. "○○ 씨 정말 아름다우세요" "그 시계 멋지네요"라고 칭찬하면 '이 사람은 겉모습만 보고 내면은 보지 않는 사람이구나'라며 경멸하고, "○○ 씨의 이런 사고방식이 멋져요" 하고 인품이나 내면을 칭찬하면 신뢰받는다고 합니다. '휘게hygge'(가족 및 친구들과 함께하는 시간을 소중히 여기며

소박한 삶의 여유를 즐기는 라이프스타일—옮긴이)라는 전통적인 생활방식이 깊게 뿌리박혀 있어, 물질적인 것보다도 가족이나 동료와 모여 술과 식사를 즐기고 노래하며 춤추는 등 사람과의 만남에서 느끼는 편안함을 중요하게 여깁니다. 서로에게서 기쁨을 발견하는 감성이 갖추어져 있는 것이지요.

일본에서는 여전히 '돈 잘 버는 사람'이 미디어에서 주목받고 아이들이 동경하는 직업 순위에서 '고수입' 직업이 상위에 있습니다. SNS에서는 외모와 소지품을 실물보다 더 꾸며서 서로 칭찬합니다. 덴마크와는 가치관이 완전히 다르지요. 행복지수가 높은 덴마크인은 돈의 유무는 행복과 관계없다고 믿고, 행복지수가 낮은 일본인은 돈이 없으면 행복해질 수 없다고 믿고 있는 듯합니다.

그리고 또 한 가지, 일본에는 권력자나 상사의 기분에 맞춰 이상하다고 생각해도 거스르지 않는 '촌탁忖度'(윗사람의 심경과 입장 등을 고려해서 그 사람이 편하도록 행동하는 것—옮긴이)이라는 수수께끼 같은 문화도 있습니다. 부모나 손윗사람을 존경하는 것은 나쁘지 않지만 '존경해야 한다'라는 의무감을 느끼면 사람의 마음은 비뚤어집니다. '세상은 불공평해' '인생은 생각대로 흘러가지 않아'라는 부정적 감정이 계속 쌓이는 것입니다.

일본인은 문화적 각인이나 자라난 환경에 순응하는 사람이 많기 때문에 행복을 느끼지 못하게 된 것이 아닐까요. 덴마크인이 '자기 기준형'과 '욕구형'이라면, 일본인은 '타인 기준형'과 '의무형'입니다. 그렇다고 해서 '잘 안 풀려도 어쩔 수 없지. 나만 그런 것도 아니니까'라는 말은 하지 마세요. 방법만 알면 뇌의 잘못된 믿음에서 벗어날 수 있으니까요.

5

머릿속 부모에게서

독립하는 법

삶의 이유를 찾는
새로운 질문

제 강의에는 신체질환에 걸린 사람은 물론이고 마음의 병인 우울증에 걸린 사람도 찾아옵니다. 그 원인을 찾아보면 대부분 부모에 이르게 됩니다. 여기까지 읽은 여러분도 훈련을 진행하면서 '부정적인 감정이 부모에게서 나온 거구나' '부모에 휘둘리고 있었구나' 하며 깨달았을 것입니다. 찾아낸 부모의 부정적인 감정을 자신이 어떻게 받아들였는지 그리고 뇌가 어떤 구조로 오작동하는지 이해했으리라 생각합니다.

'뭐야, 뇌 때문이었어?'

'내가 잘못된 게 아니구나. 다행이다.'

이렇게 마음이 조금은 가벼워지지 않았나요? 하지만 여기서 만족하고 멈추지 않으면 합니다.

"정리하자면 뇌가 나쁜 장난을 치게 만드는 메타무의식을 고치면 되는 거죠?"

이런 질문을 자주 받지만, 오랜 기간 형성된 메타무의식을 바로잡는 일이란 그리 간단하지 않습니다. 항상 입버릇처럼 말하는 내용을 긍정적인 말로 바꾸기만 하면 해결되는 것도 아닙니다. 스트레스 호르몬 분비를 줄이는 정도의 효과는 있겠지만 부정적인 감정을 완전히 제거할 수는 없습니다.

잡초는 다 잘라내도 뿌리가 남아 있으면 금방 다시 자라납니다. '머릿속 부모'라는 뿌리도 잡초와 마찬가지로 무의식의 깊은 곳에까지 뿌리내리고 있기 때문에, 힘으로 한 번에 뽑아버리려고 하면 뚝뚝 끊어져 땅속에 뿌리가 남아 있게 됩니다. 지금까지 살면서 만들어온 신념, 머릿속 부모와의 관계를 철저하게 다시 검토하기 위해서는 땅 전체를 뒤집어엎은 후 물로 싹 씻어버릴 정도의 의지가 필요합니다.

이번 장에서는 머릿속 부모에게 한 번 더 접근해서 더욱 넓은 시각으로 조망해봅니다. 무슨 방법을 써서라도 눈앞의 현실을 바꾸고 싶은 사람은 반드시 따라해보기 바랍니다.

◆ 죽음에 내몰린 사람이 깨달은 '나만의 할 일'

'나는 인생에서 무엇을 바라는가?'라고 자신에게 물었을 때 당신은 어떤 것을 떠올리나요? 일단 직장에서 인정받고 싶다, 세계를 돌아다니며 온천 여행을 하고 싶다, 맛있는 음식을 모조리 먹어보고 싶다, 시간에 구애받지 않고 자유롭게 살고 싶다, 예쁜 옷을 입고 주목받고 싶다, 멋진 사람과 결혼하고 싶다 등 여러 가지가 떠오르겠지요.

그럼 이제 주어를 바꿔보겠습니다.

인생은 당신에게 무엇을 바라는가?

어떤가요? 갑자기 머릿속이 새하얘지지 않나요? 그러나 머릿속 부모와 부정적인 감정에서 완전히 벗어나기 위해서는 이 질문에 명확한 답을 내놓아야 합니다. 당신이 이 세상에 태어난 의미는 무엇일까요? 본래 당신은 어떤 사람이며, 운명은 당신에게 무엇을 원하는 것일까요?

"나치의 강제수용소에서 살아나온 사람들은, 자신이 인생에 무엇을

바라고 있는지 묻는 것을 그만두고 인생이 자신에게 무엇을 바라는
지 묻는 쪽으로 사고방식을 바꾸게 되었다."

이는 1장에서도 소개한 정신과 의사이자 심리학자인 프랭클 박
사의 말입니다. 이 말은 지금부터 다룰 주제인 '부모는 어떤 인생관
을 갖고 있는가?'의 단서가 되는, 매우 중요한 점을 시사합니다.

당장 내일 목숨을 잃을지도 모르는 위기 상황에 처했을 때 사람
은 '살아남고 싶다' '죽고 싶지 않아'라는 욕구에 지배됩니다. 몰려
오는 부정적 감정에 잠식당하는 것이 보통 사람의 반응입니다. 그
러나 '내가 살아남는다면 그 이유는 무엇일까?' '인생에서 내가 해
야 할 일이 있을까?' '그럼 인생은 나에게 무엇을 바라는 걸까?' 하
는 방향으로 생각을 바꾸면 세상이 완전히 다르게 보이기 시작합
니다. 이 질문을 반복해서 "나만의 할 일을 찾아낸 사람들이 실제
로 살아남았다"라고 프랭클 박사는 말합니다.

지금까지 부모의 부정적 감정은 밝혀냈습니다. 그럼 어째서 인
생은 당신의 부모에게 부정적인 감정을 갖게 했을까요? 부모는 어
떤 인생관을 갖고 있을까요? 이제 이 질문에 대한 답을 찾아가 봅
시다.

◆ 3단계로 사고하라, 삶의 이유가 보인다

'인생이 나에게 바라는 것'을 찾으려 할 때 저는 3단계로 풀어나갑니다. 인간 관점, 뇌 관점, 인생 관점이라는 단계를 밟고 최종적으로 인생을 이해하는 것입니다.

일반적으로 사람들은 일어나는 현상을 본인의 관점에서 봅니다. '병은 나쁜 것이니까 고쳐야 해' '사업이 잘 안 풀리는 이유는 이런 마케팅이 부족하기 때문이야' 하는 관점입니다.

그다음이 뇌 관점입니다. 이는 뇌가 반대로 움직이는 구조를 이해하고 '어떤 믿음이 투영되어 이런 사건이 만들어졌을까?' 하고 자신의 내면과 외부 현상(사건)의 인과관계를 따져보는 관점입니다.

마지막으로 인생 관점입니다. 이 단계는 완전히 시야를 넓혀 인생이라는 범위에서 바라봤을 때, 각각의 사건 또는 그에 따라오는 감정에 어떤 역할과 목적이 있는지 생각하는 관점입니다. '언뜻 보기에 괴롭고 슬픈 사건이지만 이 사건이 일어나야만 했던 목적은 무엇인가? 내 인생에 필요한 사건이 아니었을까?' 하는 식으로 생각함으로써 자신이 태어난 의미를 찾을 수 있게 됩니다.

◆ 어릴 적 상처에 매몰되지 않으면 보이는 것들

실제 사례에 빗대어 설명해보겠습니다. 어릴 적 부모에게 학대받은 내담자 K의 이야기입니다.

"저를 아껴주고 사랑해줄 사람은 없다고 생각하면서 컸어요."

K는 괴로운 듯 이렇게 털어놓았습니다. 고통스러운 기억밖에 없는 집과는 이제 연을 끊고 독립했지만, 어째서인지 호감을 느껴 사귀는 남성들이 하나같이 폭력을 쓰거나 바람을 피운다고 했습니다. "이유가 뭐라고 생각하세요?"라고 묻자 이렇게 대답했습니다.

"어차피 저는 누구에게도 사랑받지 못하는 사람이니까요."

자, 이것이 1단계인 인간 관점입니다. '나쁜 남자'에게만 끌리는 여성 중에는 유소년기에 학대를 당한 사람이 상당히 많습니다. K 역시 같은 유형으로, "학대받았으니까 사랑을 못 받는 거예요"라는 말을 여러 번 반복했습니다. 바로 이것이 문제의 원인입니다. 사랑받지 못한다고 단정 짓기 때문에 "과거는 못 바꾸니까 어쩔 수 없지" "만약에 다음 생이 있다면 그때는 학대하지 않는 부모를 만나면 좋겠다" 같은 말을 하게 됩니다. 무력감, 허망함이라는 감정에 지배되어 아무것도 할 수 없는 상태이지요. 그래서 이렇게 물었습니다.

"학대받아서 사랑을 못 받는다는 건 K 씨의 믿음 아닌가요? 애초에 그 믿음은 어디서 투영되었을까요?"

이제 2단계인 '뇌 관점'에서의 검증을 시작합니다. '나는 사랑받지 못한다'라는 믿음이 뇌에 어떤 반응을 일으키는지 알아봅시다. '아무도 날 소중히 여기지 않아'라고 믿으면 자신을 사랑해주지 않는 남성만 찾게 됩니다. 그 이유는 뇌가 "아무도 날 소중히 여기지 않는다고 계속 생각하고 싶은 거군요. 분부대로 그런 현실을 계속 만들겠습니다!" 하고 오작동하기 때문입니다.

부모와의 관계에서도 마찬가지로 '나는 사랑받지 못해'라는 믿음 때문에 뇌는 이렇게 움직입니다. "그럼 부모에게 사랑을 못 받는 상황이 필요하겠군요. 부모가 나를 학대하게 만듭시다!" 그리고 실제로 부모에게 학대받은 후 '아무도 나를 소중히 여기지 않는다'라는 생각이 강화됩니다.

어른이 된 후 집에서 나와 독립했더니 이번에는 교제하는 남성이 폭력을 휘두르거나 바람을 피웁니다. 뇌 입장에서 보면 이렇습니다.

"아무도 나를 사랑하지 않는다는 생각을 현실로 만들었어! 믿음을 달성했어!"

여기까지가 2단계인 뇌 관점입니다.

그리고 인생 관점인 3단계에서는 드디어 마지막 퍼즐을 풉니다. '어떤 신념이 부정적인 사건을 일으켜왔는가?'에 대한 답은 2단계에서 찾았기 때문에 이번에는 이렇게 물어봅니다.

"인생은 어떤 목적으로 당신에게 그런 현실을 가져다주었을까요? 인생이 당신에게 원하는 것은 무엇일까요?"

주어를 자신에서 인생으로 바꾸어, 구름 위에서 인간계를 내려다보는 신의 시점에서 자신을 바라보세요. 지금까지의 믿음과 사건은 어떤 이유로 서로 연결되어 있을까요? 갑자기 어려워졌지요. "갑자기 이유를 찾으라고요?" 하고 당황하는 사람이 대부분입니다.

K도 마찬가지였습니다. 그때 저는 이렇게 질문했습니다.

"기독교에서는 인간을 크게 '주는 사람' 아니면 '뺏는 사람'으로 나눈다고 해요. K 씨의 상황으로 보자면 사랑을 주는 사람인지, 사랑을 받는 사람인지로 나뉘는 거겠죠. 당신은 주는 사람인가요? 받는 사람인가요?"

그러자 K는 주저 없이 이렇게 답했습니다.

"주는 사람이요. 사랑은 물론이고, 무엇보다 저는 위로를 전하는 사람으로 살아가고 싶어요."

지금까지 스스로에게 물어본 적 없었던 '이유'라는 단어. 이를 끼워 넣자마자 부정적인 감정으로 물결치고 회오리치던 회로가 단번에 멈추고, 수면에 비친 달처럼 '원래 품고 있던 소망'이 모습을 드러냈습니다.

한 번 더 K에게 물었습니다. 사랑받고 싶은 마음과 사랑하고 싶은 마음 중 사실은 어느 쪽을 더 원하느냐고 말이지요. K는 곰곰이 생각하더니 곧 무언가 깨달은 표정을 지었습니다.

"사랑받으면 사랑을 받는다는 사실이 당연해져서 제가 사랑을 주는 쪽이라는 걸 잊어버릴 것 같아요. 저는 사랑을 주고 싶은 사람인데……."

"무슨 뜻이죠?"

"이번 생에서 사랑과 위로를 전하는 사람이고자 한다면 사랑받지 않아야 한다?"

그렇습니다. 정답에 도달했습니다. K의 뇌는 '이번 인생에서 사랑과 위로를 주는 사람이 되려면 사랑과 위로가 필요한 사람, 사랑과 위로에 굶주린 사람이 되어야겠군'이라고 반응했습니다. 그 결과 사랑과 위로를 주지 않는 폭력적인 부모를 만들고, 주먹을 휘두르고 바람 피우는 남성을 본인 앞에 데려다둔 것입니다.

학대를 받았다는 사실을 당연하게 여기라는 말이 아닙니다. 이렇게 인생 관점으로 자신이 겪은 일들을 돌아보는 단계까지 도달해야만 그동안 보이지 않던 것들이 보이게 됩니다. 의식이 자신 안의 괴로움에서 벗어나 폭력적인 부모의 내면을 향함으로써 부모의 시점에서 부정적인 감정을 살펴보고 자신에게 어떤 영향을 끼쳤는지 그리고 어떻게 해야 머릿속 부모가 부정적인 감정에서 벗어날 수 있는지 생각해볼 수 있게 되는 것입니다.

'나를 학대한 부모는 도대체 무엇에 분노하고 있었던 걸까?'

'저항할 수 없는 아이에게 손을 대다니 정상이 아니야. 어딘가 아픈

게 분명해.'

'혹시 부모도 자신의 부모에게 충분한 사랑을 받지 못한 걸까? 어떻

게 하면 부모가 지금까지 용서하지 못했던 일을 용서하고, 진심으로

사랑을 주고받을 수 있을까?'

이는 피해자의 위치에 계속 머물러 있어서는 불가능한 사고입

니다. 인생 전체를 놓고 봐야 이렇게 현재의 문제를 개선하고 나아

갈 수 있습니다. 학대는 심각한 문제이기 때문에 '그렇게 간단히 해

결된다고?'라고 생각하는 분도 있겠지요. '학대는 대물림된다'라는

말은 저도 알고 있습니다. 영국의 한 연구자가 아동학대 발생률을

예측한 결과는 상당히 충격적입니다. 어릴 적 학대받은 경험이 있

는 사람이 부모가 되었을 때 자녀를 학대할 확률은 3분의 1이라고

합니다. 이런 결과가 나온 이유 중 하나는 부모가 '이건 아이를 사

랑해서야. 아이를 위해서야'라고 생각하면서 학대하기 때문에, 아

이 마음속에 '사랑＝폭력'이라는 믿음의 공식이 생기는 것입니다.

이 아이가 부모가 되어 자녀에게 사랑을 주려고 할 때 무심결에 손

을 대는 구조가 만들어지는 것이지요.

이런 이야기를 들으면 '부모에게 학대받은 나는 아이를 낳아선 안 돼'라고 생각할 수도 있습니다. 그러나 부모와 자신의 부정적 믿음을 찾아내어 객관적인 시선으로 바라보게 되면 눈앞에 다른 세계가 펼쳐집니다. '학대 대물림'이라는 불길한 믿음도 다른 부정적인 감정과 함께 뿌리를 뽑아버리세요.

◆ 변화의 연속인 인생을 살아가는 최선의 자세

당신은 평소에 부정적인 감정이 북받쳐오르는 사건이 발생했을 때 어떻게 받아들이고 행동하나요? '기분 나쁜 일은 잊어버리자' 하고 술을 마시거나 좋아하는 음식을 먹기도 하고, 좋아하는 배우가 나오는 드라마를 보거나 게임을 하면서 현실을 잊으려고 하나요? 이렇게 잊어버리고 다른 일로 관심을 돌리는 대처법은 확실히 효과가 있습니다. 하지만 이 방법은 고민하면서 고통회로를 자극하는 것보다 부정적인 효과가 큽니다.

이처럼 자신을 속이는 행위는 뇌의 보상회로와 깊은 관계가 있습니다. 보상회로는 2장에서 살펴본 것처럼 쾌락과 기쁨을 가져오는 신경회로입니다. 시험공부를 열심히 해서 좋은 점수를 받고 칭찬을 들으면 보상회로의 신경세포 사이에서 도파민이 분비되어 쾌락을 느끼게 됩니다. 그러면 공부와 쾌락이 연결되면서 '또 공부하자'라는 의욕이 샘솟습니다. 이는 바람직한 경우의 예이지만, 보상회로는 술, 게임처럼 쉽게 쾌감을 얻을 수 있는 행위에서도 똑같이 작동합니다. 게임은 신나는 BGM이나 효과음, 영상 때문에 기분 좋은 성취감을 얻을 수 있습니다. 뇌에 이런 자극을 반복적으로 주게 되면 '그만두고 싶어도 그만두지 못하는' 의존 상태에 빠지게 됩니다. 괴로운 현실에서 눈을 돌리면 일시적으로 위안을 받을 수는 있겠지만, 인생이라는 귀중한 시간을 그렇게 허비하는 것은 너무나 아깝습니다.

그럼 부정적인 감정이 생길 때는 어떻게 하면 될까요? 기억에 남는 일이 있다면 '그 사건은 처음에 무엇 때문에 일어났는가? 나는 무엇 때문에 그 일을 겪어야만 했던 것인가?' 하고 되짚어봅시다. 그러면 미처 깨닫지 못했던 중요한 메시지를 찾아내기도 합니다. 철학자 쇠렌 오뷔에 키르케고르Søren Aabye Kierkegaard는 이런 말을 남겼습니다.

"인생은 되돌아봤을 때 비로소 이해할 수 있다. 그러나 우리는 앞으로 나아가며 살아야 한다."

사람은 아무리 발버둥 쳐도 인생의 본질을 미리 이해할 수 없습니다. 굉장히 안타까운 말이지요. 하지만 그렇다고 해서 자신이 경험한 다양한 사건을 방치한 채 살아가도 괜찮을까요? '생각해봐야 소용없다'라며 내버려둬도 괜찮은 것일까요? 인생은 우리 앞에 사건을 끊임없이 만들어냅니다. 기쁜 일, 불쾌한 일, 슬퍼서 견딜 수 없는 일, 흥분되는 일 등 모두 맥락 없는 제각각의 사건들을요. 하지만 이 일들을 나중에 연결해보면 '그렇구나, 그런 뜻이었구나' 하고 이해하게 됩니다.

서점에서 부록이 붙은 두꺼운 잡지가 수북하게 쌓여 있는 모습을 본 적 있나요? 테이프로 부록을 고정한 그 책자는 몇 장 되지도 않아서, 부록과 잡지 중 어느 쪽이 주인공인지 알 수 없는 이상한 상품이지요.

그중에는 '분책백과'라고 불리는 시리즈 책이 있습니다. 총 50권에서 100권 정도 되는 책자로, 조립할 수 있는 부품을 하나씩 부록으로 제공합니다. 시리즈의 책을 모두 모으면 고급스러운 스포츠카 모형을 완성할 수 있습니다. 창간호 앞에는 완성했을 때의 이미지가 '이런 멋진 스포츠카를 완성할 수 있습니다'라는 문구와 함께 소비자를 구슬립니다. 서점의 조명을 한몸에 받고 있는 이 사진 속 스포츠카는 기가 막히게 고급스러워 보이지요. 창간호는 500엔 정도의 할인된 가격으로 판매하기 때문에, 딸려 오는 부록도 부록이지만 '이 정도에 500엔이면 거저 주는 거네'라고 생각하게 됩니다. 나도 모르게 사버린 후에 보면 2호부터는 한 권에 2,000엔 전후로 살 수 있습니다. 장사 수완이 기가 막히지요.

살아가면서 겪는 사건(특히 부정적인 감정을 동반하는 경험)도 이처럼 완성되지 않은 각각의 부품이라고 생각하면 이해하기 쉬울지도 모릅니다. '나의 인생'이라는 제목의 이 책자는 비정기 간행물로, 평생 구독해야 하는 서비스입니다. 부록 상자를 열어보면 사용법을 모르는 부품이 들어 있습니다. 설계도나 설명서도 없지요. 어느 날 갑자기 구멍 뚫린 고무판이 도착하는 식입니다.

"이게 뭐지?"

그리고 다음 달, 은색의 긴 판자 같은 것이 도착합니다.

"이번 달에 온 것도 뭔지 모르겠는데."

그다음에는 색을 칠한 금속판, 그다음에는 투명한 사각 아크릴판이 도착합니다.

"이건 기계의 부품인가? 아니면 건물의 일부인가?"

이렇게 눈앞에 늘어놓고 이것저것 추리하고 있으면, 어느 날 몇 센티미터짜리 귀여운 미니어처 핸들이 도착합니다. 드디어 "아, 자동차구나!" 하고 부품을 맞춰볼 수 있게 되는 것입니다. '처음부터 설계도를 알려주면 좋을 텐데'라고 생각하겠지만 이 점이 인생의 얄궂은 면모입니다.

게다가 인생이라는 책자는 꺼려지는 부품을 만지고 모으도록 권장할 것입니다. 그리고 자신의 손으로 그런 부품들을 조립해나가다 보면 생각지도 못한 결과물이 완성됩니다. 지금 이 책을 읽고 있는 여러분도 인생에서 일어나는 사건들은 아무리 사소한 것일지라도 의미가 있다는 사실을 마음에 새기기 바랍니다.

◆ '필요 없는 부품'을 무기로 성공을 일구어낸 사람들

50세에 작가로 데뷔한 야마구치 에이코山口惠以子는 55세라는 나이로 마쓰모토세이초상을 받았습니다. 어릴 적 만화가를 꿈꾸었지만 각본가, 보석상 파견사원, 구성작가, 구내식당 아르바이트 등 다양한 일을 했다고 합니다. 이 이야기만 들으면 한 가지 일을 꾸준히 못하는 사람이라는 인상을 받습니다.

그러나 야마구치는 인터뷰에서 이렇게 말했습니다.

"만화가가 되려다 실패하고 각본가를 꿈꾸다가 그 역시 여의찮아서 소설가가 되었다고 생각하시겠지만 사실은 그렇지 않습니다."

먹고 살기 위해 일하던 중 이야기를 만들고 싶다는 생각이 자신 안에 싹트고 있다는 사실을 깨달았다고 합니다. "이야기를 창작한다는 것은 한 가닥의 실낱같은 가능성이었지만 계속해서 그 실을 끌어당긴 덕분에 상을 받았다"라는 말이 인상적이었습니다.

야마구치는 시대소설을 쓰기 때문에 보석상이나 구내식당 아르바이트 경험은 작품의 자료로 쓸 수 없었습니다. 그렇게 생각하면 '쓸데없는 경험' 같기도 합니다. 그러나 야마구치는 마쓰모토세이초상 최종 후보에 올랐다는 소식을 들었을 때, '이 경험을 내 판매 전략으로 쓸 수 있겠구나' 하고 확신했다고 합니다. 그래서 상을 받고 나서 인터뷰에서 "사실은 지금도 식당에서 일하고 있어요"라며 적극적으로 이야기했습니다. 그 결과 미디어에서는 '식당 아주머니가 작가로 데뷔하다!'라는 문구를 대대적으로 홍보에 사용했지요.

'식당에서 일하는 건 본업이랑 관계도 없고 좀 창피해'라며 숨겼다면 이 정도로 주목받지는 못했을 것입니다. 자신을 돋보이게 하기 위해서라면 무엇이든 이용해보자는 당돌함이 있었기 때문에 불필요한 부품을 무기로 바꿀 수 있었던 것입니다.

참고로 야마구치는 어머니에게서 큰 영향을 받았다고 합니다. 야마구치가 출판사에 만화 원고를 가져갔을 때 "그림이 너무 형편없으니 그만두는 편이 좋겠다"라는 이야기를 듣고 오자 어머니는 이렇게 말했다고 합니다.

"스스로 너에게 재능이 없다고 느껴서 그만두는 거라면 괜찮아. 하지만 그게 아닌 다른 이유로 그만둔다면 앞으로 두고두고 후회할 거야."

부모라면 아이가 고생하지 않길 바라는 마음에 "이 일이 아니라도 다른 길을 찾으면 돼"라고 조언하기 마련입니다.

그러나 그림 실력을 지적당하고 상처받은 딸에게 '타인의 기준으로 결정하면 후회할 거야. 너의 기준으로 살아가렴'이라는 강한 메시지를 보낸 것입니다. 훌륭하지요. 사실 야마구치의 어머니는 어릴 때 오페라 가수가 되는 꿈을 포기한 적이 있다고 합니다.

이런 이야기를 들으면 '와, 역시 성공하는 사람은 부모를 잘 만났구나' '우리 부모면 그걸 누가 보겠냐고 하겠지' 하고 생각하는 사람도 있겠지요.

하지만 괜찮습니다. 과거의 부모가 아무리 별로였다고 해도 바람직한 부모로 바로잡을 수 있는 대책은 있습니다. 그 방법이 바로 '과거의 부모를 다시 키우기'라는 작업입니다. 이 작업은 6장에서 자세히 설명하겠습니다.

머릿속 부모가 그 인생관을 가진 이유

이제부터는 부모의 삶의 이유와 머릿속 부모가 가진 '인생관'을 찾아갈 것입니다. '내 인생관도 생각해본 적 없는데…….' 이런 목소리가 들리는 것 같네요. 하지만 앞서 설명했듯이 자기 자신의 내면에 접근하는 것보다, 일단 자신은 내버려두고 부모의 시점에서 과거를 되돌아보면 자신의 삶의 이유와 인생관을 발견하기 쉽습니다. '나 때문인가' '그때 이렇게 할걸' 하고 사소한 일에 신경을 많이 쓰는 사람이라면 더더욱 그렇습니다.

당신의 아버지와 어머니는 다음 여덟 가지 분야에 대해서 어떤 감정이나 생각을 갖고 있을까요? 그리고 어떤 믿음(전제)을 갖고 살아왔다고 생각하나요? 다음 항목을 보면서 생각해봅시다.

- 사업 성과
- 수입·저축

- 건강, 신체, 외모

- 인간관계

- 연애

- 결혼

- 지식, 학력

- 마음가짐, 정신건강

　다음으로 당신에게 영향을 준 부모는 자신의 인생에서 어떤 인생관과 역할을 갖고 있었는지 알아봅시다.

- **아버지의 인생관과 역할은 어떠한가?**

　아버지(애정에 굶주리며 자람): 내 삶의 이유는 사랑을 받는 것보다 사랑을 주는 것이다. '사랑이 무엇인지'를 밝혀 세상에 전하는 역할이다.

- **어머니의 인생관과 역할은 어떠한가?**

　어머니(부모에게 속박되어 자람): 내 삶의 이유는 자기 기준을 강화하는 것이다. 자유를 되찾는 의사소통 기술을 개발해서 세상에 전달하는 역할이다.

◆ 인생 관점에서 살펴보는 부모의 '삶의 이유'

당신 부모의 경험 또는 주변에 일어난 다양한 사건 그리고 부모가 갖고 있던 믿음(전제)을 앞에서 이야기한 3단계 인생 관점에 맞춰 살펴보세요. 아버지의 인생은 아버지에게 무엇을 요구했다고 생각하나요? 아버지의 인생은 아버지에게 무엇을 요구하려고 과거의 사건이나 믿음을 부여했다고 생각하나요?

- 아버지의 인생이 아버지에게 요구하는 것
- 아버지의 인생이 아버지에게 부여한 사건의 목적
- 아버지의 인생이 아버지에게 부여한 믿음의 목적

어머니의 인생은 어머니에게 무엇을 요구하고 있다고 생각하나요? 어머니의 인생은 어머니에게 무엇을 요구하려고 과거의 사건이나 믿음을 부여했다고 생각하나요?

- 어머니의 인생이 어머니에게 요구하는 것
- 어머니의 인생이 어머니에게 부여한 사건의 목적
- 어머니의 인생이 어머니에게 부여한 믿음의 목적

운명을 빌려
'원체험' 바로잡기

여기 복숭아씨가 하나 있습니다. 그 씨를 땅에 심고 물을 주면 곧 싹이 틉니다. 무럭무럭 자라서 튼튼한 나무가 되어 마침내 복숭아가 열립니다.

인생이 이 복숭아에게 무엇을 바라는지 생각해보세요. 첫째로 씨를 말리지 않고 점점 동족을 늘려가는 것입니다. 복숭아씨는 열매를 맺고 달콤한 냄새를 풍겨서 주위의 동물을 불러들입니다. '달고 맛있는 열매를 먹게 해줄 테니 대신에 나를 어딘가에 뿌려줘'라는 의미지요. 복숭아를 먹은 동물이 길을 가다가 삼켰던 씨를 배설물과 함께 내보내면 그곳에 싹이 트고 복숭아나무가 자라납니다.

그리고 또 한 가지, 복숭아라는 맛있는 과일을 세상에 가져다준다는 존재의 이유가 있겠지요. '먹고 싶은 분은 얼른 드세요' 하고 복숭아를 만들어내기 위해 무럭무럭 자랍니다. 도중에 '나는 사과나무가 되고 싶어' '감나무가 될 거야'라고 생각하지 않습니다. 갑자기 누군가가 "너는 복숭아씨니까 이렇게 자라야 해"라며 참견하는 일도 없습니다. 왜냐하면 처음부터 씨앗 속에 복숭아나무의 정보가 모두 들어 있기 때문입니다.

인간도 똑같습니다. 일상에서는 자각하지 못하지만 '이번 생에는 이런 인생관으로 살 거야'라는 정보가 뇌에 저장되어 있습니다. 그 인생관이라는 열매를 맺는 데 필요한 방법, 정보, 환경 등 전부가 하나의 묶음으로 준비되어 있는 것입니다. 마찬가지로 부모, 선생, 친구, 연인, 동료, 반려동물, 그 밖에 그 사람에게 일어나는 다양한 사건 등이 누군가의 인생관을 위해 준비된 것일지도 모릅니다.

물론 복숭아나무에 비하면 인간의 일생은 선택지도 훨씬 많고 복잡합니다. 자기 의지로 이동하고 살아갈 장소를 선택할 수 있으며 적성에 맞는지를 따져 직업을 선택할 수도 있습니다. 그렇지만 그 모든 것을 의식하면서 통제하는 사람은 없습니다. 때로는 선택하지 않은 길을 따라 다양한 사건을 경험하면서 인생관을 달성한 다음 세상을 떠나는 것이 인생입니다.

지금까지의 인생을 되돌아보는 것은 저장된 인생관을 확인하러 가는 행위이기도 합니다. 이제 드디어 당신의 인생을 되돌아볼 차례입니다.

- 당신은 어떤 목적으로 당신의 부모에게서 태어난 것일까요?
- 당신의 인생은 어떤 목적으로 이런 부모를 준비한 것일까요?
- 당신의 인생은 당신에게 어떤 역할을 부여했다고 생각합니까?

미국 제28대 대통령 토머스 우드로 윌슨Thomas Woodrow Wilson은 이렇게 말했습니다.

"운명에는 우연이 없다. 인간은 어떤 운명을 만나기 전에 벌써 스스로 그것을 만들고 있다."

'애초에 운명은 만들 수 있는 게 아니잖아'라거나 '운명은 처음부터 정해져 있는 거지, 바꿀 수 있는 게 아닌데'라고 말하는 사람도 있을 것입니다. 하지만 정말로 그럴까요? 자신에게 주어진 부모와 일어난 사건 등에 부정적인 감정이 있었다 해도, 그것에 붙어 있는 '믿음'을 떼어내고 보면 생각지 못한 진실이 얼굴을 드러내는 법입니다. 저는 이렇게 생각합니다. 당신에게 주어진 부모는 당신이 인생을 살아가는 데 필연적인 존재라고 말이지요.

이 세 가지 질문을 잘 이해하지 못하는 사람을 위해 한 번 더 쉽게 설명해보겠습니다.

- 당신은 무엇을 위해 이러한 과거의 사건, 체험, 믿음 등을 가진 부모에게서 태어난 것일까요?
- 당신은 무엇 때문에 이런 인생관과 역할을 지닌 부모에게서 태어난 것일까요?
- 당신의 인생은 당신이 인생에서 무엇을 실현하기를 원하나요?

◆ 인생 관점에서 불우한 어린 시절을 조망하고 깨달은 뜻밖의 사실

아동보호시설에서 자란 W는 부모에 대한 기억이 없었습니다. 그리고 '부모가 버릴 정도로 나는 가치가 없는 사람'이라고 굳게 믿었습니다. 부모가 자신을 버렸다는 '원체험'에 사로잡혀 있었지요. 원체험이란 기억에 오래 남아 있어 어떤 식으로든 계속 얽매이게 되는 어린 시절의 체험을 말합니다.

그러던 어느 날 W가 문득 이런 말을 꺼냈습니다.

"이유는 모르겠는데 아무 가치도 없는 저한테 주변 사람들이 인생 상담을 해요."

"왜 당신에게 상담하는 걸까요?"

"글쎄요, 전혀 모르겠어요. 이런 저한테 상담을 요청하다니."

그때 저는 깨달았습니다. '그게 이 사람이 살아가는 이유구나' 하고 말이지요.

"W 씨는 자신이 살아가는 목적과 역할이 무엇인지 아직 잘 모르시는 것 같네요. 부모에게 버려진 것과 관계가 있어요."
"네? 부모에게 버림받은 이유가, 제가 인생 상담을 해야 했기 때문이라고요? 무슨 말인지 모르겠어요."

혼란스러워하는 W에게 저는 이렇게 설명했습니다.

"부모와 사이가 좋거나 단란한 가정에서 자란 사람은 무슨 일이 있으면 가족을 우선시합니다. 지진이 일어나거나 가족 중 누군가가 사고를 당하면 모두 모여서 서로에게 의지하지요. 하지만 생각해보세요. 가족이란 '작은 모임'입니다. 작은 세상 안에서만 서로 가치를 주고받는 거지요. 하지만 W 씨의 인생은 그렇지 않습니다. 셀 수 없이 많은 사람을 당신의 가족이라고 생각하고 성의껏 상담에 응하지요. 그러한 행위가 많은 사람을 구하고 그들에게 영향을 주고 있는 거예요. 그러기 위해서는 가족이 없는 편이 좋지요. 아무래도 가족이 있으면 가족 외의 사람들에게 정성을 쏟을 수 없으니까 가족과의 인연을 끊기로 한 겁니다. 그래서 세상은 부모가 당신을 버리게끔 한 거예요."

W는 잠깐 얼떨떨한 표정을 짓더니 금방 평소의 모습으로 돌아왔습니다. 이런저런 기억이 떠오르며 연결되기 시작한 모양이었습니다. 인생 상담을 요청하는 사람들은 가족과 원만히 지내지 못하는 사람이거나 가족에게도 털어놓을 수 없는 고민을 안고 있는 사람이었다는 사실을 기억해냈습니다.

"그렇군요. 지금까지 저는 버려진 게 제 탓이라고 생각했어요. 그런데 그게 아니라 부모에게서 버려져야 할 필요가 저에게 있었을 뿐이라는 말이네요."

그 후 W가 저를 찾아온 이유도 금세 해결되었습니다. 가족이라는 연이 없는 사람은 인간 관점에서는 '부모에게 사랑받지 못한 불쌍한 사람'이라고 여겨지지만, 부모가 없다는 것은 부모에게서 받는 메타무의식의 영향도 적다는 말입니다. 절대 나쁜 것이 아니지요. 그만큼 사회와의 유대가 깊어서 자신의 가치를 직설적으로 드러낼 수 있는 사람도 많습니다.

비틀스의 존 레논John Lennon도 아동보호시설에서 자랐으며 잡스는 태어나고 얼마 지나지 않아 입양되었습니다. 그들이 세상에 전한 헤아릴 수 없는 가치는 새삼스레 설명할 필요도 없겠지요.

◆ 병원을 그만두고 자신의 '진정한 인생'을 발견한 의사

반대로 일반적인 환경보다 훨씬 풍족한 환경에서 태어나고 자란 사람도 원치 않는 진로를 선택해서 괴로워하는 경우가 있습니다. 이전에 어느 대학병원 의사가 상담하러 찾아왔습니다.

> "교원병 때문에 너무 힘듭니다. 이제 서양의학으로는 손쓸 도리가
> 없어요."

여기서는 T라고 하겠습니다. "왜 의사가 되셨나요?"라고 묻자 부모, 형제, 조부모 등 가족이 모두 의사라서 그랬다며 입을 열었습니다. 게다가 한 명도 빠짐없이 도쿄대학교 의학부 출신이라면서 말

이지요. "가족 중에서는 저만 도쿄대학교에 떨어져서 △△대학교 의학부 출신이에요. 제 유일한 콤플렉스죠"라는 말에 "그 말씀 △△대학교 사람들 앞에서 하면 두들겨 맞을걸요"라며 우스갯소리를 했습니다. 하지만 T는 애처롭게 어깨가 축 처져 있었습니다. 아무래도 농담으로 한 말이 아닌 듯했지요.

"주변 사람들이 전부 도쿄대학교 출신이니 저도 당연히 도쿄대학교에 가서 의사가 되겠다고 생각했어요. 다른 선택지는 없었던 거죠."

병의 원인을 알 수 있을 것 같았습니다. 수많은 원인이 있겠지만 '도쿄대학교에 떨어진 자신'을 끊임없이 질책한 것이 마음을 힘들게 하고 면역기능에 이상을 초래해 자신을 공격하도록 만든 것 같았습니다. 그래서 물었습니다.

"당신의 인생은 무엇 때문에 당신이 도쿄대학교에서 불합격 통보를 받게 했을까요?"
"……."
"결국 당신은 부모가 깔아둔 레일 위에서 달리고 싶지 않았고, 레일에서 벗어나고 싶었던 것이 아닐까요?"

T는 말없이 고개만 끄덕였습니다.

"의사 말고 하고 싶은 다른 일은 없었나요?"

"글쎄요……. 하지만 꼭 의사가 되고 싶었던 게 아닌 것은 분명해요, 지금도 내가 하고 싶은 일이 아니라는 느낌이 들거든요."

"그럼 대학병원을 한번 그만둬봅시다. 반년 정도 다른 일을 하면서 무엇을 하고 싶은지 스스로 생각해보세요."

"아니, 아무리 그래도 대학병원을 그만두는 건……. 아내도 절대 찬성하지 않을 텐데요."

저항이 꽤 심했지만 이대로 방치하면 몸과 마음이 더 아파질 것이라는 생각에 끝까지 물고 늘어졌습니다.

"당연히 반대하겠죠. 하지만 지금 이대로 둔다면 병은 더 심해질 거예요."

"……."

지금 생각해보면 의사에게 할 말은 아니었다는 생각이 듭니다. 하지만 그때는 저도 필사적이었습니다.

"한번 정말로 그만둬보세요. 아무거나 좋으니까 지금과는 전혀 다른 일을 해보시고요. 그러고 나서 다시 의사가 되고 싶어진다면 구체적인 이유를 들어서 '나는 이러한 이유로 의사가 되겠다'고 선언해보세요."

그 후 T로부터 대학병원을 그만둔다는 연락을 받았습니다. 그리고 세 달 후 "교원병이 나았습니다. 백혈구 수치가 정상으로 돌아왔어요" 하는 메일이 도착했습니다. 거기에는 이렇게 덧붙여 있었습니다.

"다시 생각해봤는데 역시 의사를 계속하기로 했습니다. 하지만 어떤 이유로 의사를 하겠다는 것인지 확실히 생각이 정리됐습니다. 스스로 결정하고 이해했으니까 다시 한번 병원으로 돌아가겠습니다."

콤플렉스를 느끼며 싫어도 억지로 하던 의사라는 직업에 스스로 새로운 가치를 불어넣은 T. "한번 병원을 그만둔 덕분에 타인을 기준으로 살던 삶이 제 기준으로 바뀔 수 있었어요"라고 말했으니 이제 걱정 없습니다.

◆ 어떤 역경에도 '마음의 틀'을 바꾼다면

저는 가난한 집에서 태어난 것이 인생관을 찾는 여행의 출발점입니다. 철이 들 무렵부터 '돈이 없다'라는 현실과 마주할 수밖에 없었습니다. 친구들은 매달 정해진 액수의 용돈을 받았지만 저는 받을 수 없었습니다. 초등학교 6학년 때, 친구들은 학교가 끝나면 매일같이 오락실로 달려갔습니다. 용돈이 없었던 저는 같이 가자는 말에도 "아냐, 난 돈이 없어서" 하고 거절할 수밖에 없었습니다.

부모에게 이 이야기를 하자 "용돈을 받고 싶으면 집안일을 도우렴. 한 번 할 때마다 100엔씩 주마"라는 대답이 돌아왔습니다. 중노동인 것에 비해 받는 금액은 턱없이 적었습니다. 100엔짜리 동전 하나로는 오락실에 가더라도 몇 분 만에 끝나버립니다. '이걸 누구 코에 붙여!' 하며 불만이 커진 저는 의식을 밖으로 돌리기 시작했습니다. '뭔가 팔 만한 게 없을까?'라고 생각하게 된 것이지요.

그때는 제 가족이 도쿄도에서 이와테현으로 막 이사를 한 즈음이었습니다. 도쿄와 다르게 아름다운 강이 흐르고 산에서는 장수풍뎅이와 사슴벌레를 잡으며 재미있게 놀 수 있었습니다. 도쿄에서는 백화점에서 사야 하는 것이 공짜로 손에 들어오는 셈이었지요. 그래서 처음에는 '이거 도쿄에 갖고 가서 팔면 되겠는데?'라고 생각했습니다.

그러면서 뭔가 팔만한 다른 것은 없을까 찾아보다가 더 대단한 것을 발견했습니다. 강에서 헤엄치다가 강 아래에서 발견한 반짝 반짝 빛나는 돌이었지요. 그 돌을 가지고 돌아와 도감에서 확인해 보니 웬걸, 보석의 한 종류인 수정이었습니다.

그때의 흥분을 잊을 수 없습니다. 상류로 가면 더 많을 거라는 생각에 쉬는 날 자전거를 타고 강의 상류로 올라갔더니 구리 채굴장이 있고 구리와 함께 채취한 수정은 채굴장 바닥에 버려져 데굴데굴 굴러다니고 있었습니다. 채굴장이 쉬는 일요일에 몰래 들어가 수정만 주워서 귀금속 가공회사에 가져가 팔았습니다. 그때 처음 깨달았습니다. '장사는 재밌는 거구나!'

용돈받는 친구들이 부러워서 '왜 나는 이런 집에 태어난 걸까'라는 생각을 한 적도 있습니다. 하지만 용돈을 받았다면 스스로 돈을 버는 기쁨과 성취감을 맛보지 못했을 것입니다. '돈은 누군가에게 받는 게 아니라 스스로 손에 넣을 수 있는 것.' 저의 첫 메타무의식 바로잡기는 초등학생 때 일어났던 것이지요. 수정을 판 돈으로 오락실에 가고 친구에게 햄버거를 사주기도 했습니다. 주위 사람들의 즐거운 표정을 보며 진심으로 '가난한 덕분이네' 하고 생각했습니다. 즉 저에게는 용돈을 많이 주지 않는 부모, 가난이 필요했던 것입니다.

물론 지금 제가 사는 이유는 돈을 버는 것이 아닙니다. 어떤 일이든 받아들이는 방식을 조금만 바꾸어도 자신이 보는 세계가 좋은 쪽으로든 나쁜 쪽으로든 바뀝니다. 아직 깨닫지 못한 사람들에게 이 사실을 알려주어 인생에서 새로운 가치를 만들어내는 방향으로 이끌어주고 싶습니다. 그것이 지금 제가 사는 이유입니다.

원하는 대로
현실화하는 뇌 만들기

나폴레온 힐Napoleon Hill의 《놓치고 싶지 않은 나의 꿈 나의 인생Think And Grow Rich》이라는 책을 아나요? 저자 나폴레온 힐이 신문기자였던 시절에, 대부호 앤드루 카네기Andrew Carnegie의 부탁을 받아 모든 사람이 활용할 수 있는 성공의 비결을 체계화한 책입니다. 같은 주제를 다룬 에스더 힉스Esther Hicks와 제리 힉스Jerry Hicks의 《유인력: 끌어당김의 법칙The Law of Attraction》에서도 "사람은 자신이 꿈꾸는 현실을 손안에 넣을 수 있다"라고 말합니다. 그러나 단순히 이렇게 되면 좋겠다고 생각만 해서는 그 꿈을 현실로 만들 수 없다는 사실을 모두 잘 알고 있을 것입니다.

물론 성공한 사람의 사고방식을 이해하고 따라해본 결과 좋은 성과를 내는 경우도 있습니다. 그러나 배운 대로 실천해도 생각이 현실화되지 않는 사람이 훨씬 많습니다. 어째서일까요? 어떤 점이 다른 것일까요? 이런 질문에 저는 항상 이렇게 대답합니다.

"외부에서 얻은 정보를 뇌가 어떻게 받아들이고 사용하는지에 따라 달라집니다."

다음 그림을 봐주세요. 이처럼 뇌가 받아들이는 방식은 3단계로 나눌 수 있습니다.

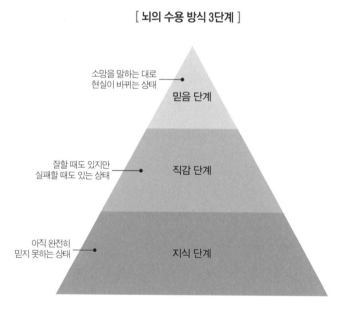

[**뇌의 수용 방식 3단계**]

소망을 말하는 대로
현실이 바뀌는 상태

믿음 단계

잘할 때도 있지만
실패할 때도 있는 상태

직감 단계

아직 완전히
믿지 못하는 상태

지식 단계

◆ 성공하는 방법을 온전히 믿지 못하는 사람들

먼저 '지식 단계'부터 살펴볼까요. 뇌가 외부 정보를 받아들이는 정도가 가장 낮은 단계입니다. 자신이 원하는 바를 이룰 수 있는 외부 정보를 단순히 지식으로만 받아들이며, 마음속으로는 자신이 그 꿈을 이룰 수 있다고 완전히 믿지 않는 상태입니다. '이렇게 하면 잘될 거야!'라는 희망이 있고 이후에 얻을 수 있는 좋은 결과를 믿고자 하는 의욕은 앞서 있습니다. 그러나 진심으로 외부 정보를 받아들이는 상태는 아닙니다. 믿고 싶지만 '그렇게 쉽게 될까?' 라며 반신반의하는 상태이지요.

알기 쉬운 예로, 새로운 다이어트 방법이 화제가 될 때마다 시도하는 사람을 들 수 있습니다. 진심으로 믿지 않기 때문에 결과를 얻을 때까지 지속하지 못합니다. 잠깐 해보고 결과가 안 나오면 '역시 안 되네' 하고 내팽개칩니다. 그러고 나서 새로운 방법이 유행하면 또 달려들어 시도해보는 행동을 반복합니다.

지식 단계에 있는 사람은 좋은 결과를 얻지 못했을 때 남 탓을 하는 특징도 있습니다. 병원에서 처방받은 약이 효과가 없으면 "그 선생님이 이걸 먹으면 낫는다고 했는데 그대로네. 돌팔이인가 봐"라고 말합니다. 믿으려고 할 뿐 진심으로 믿지는 못하는 것이지요.

"이렇게만 하면 되는 거죠? 기대되네요!"

이렇게 말하는 사람도 지식 단계인 경우가 많습니다. 긍정적이고 듣기 좋은 말이긴 합니다만, 자기와 상관없는 남 일처럼 말하는 투입니다. 의식적으로는 믿으려고 노력하지만, 잠재의식에서는 '또 허울 좋은 소리만 하네'라며 찬물을 끼얹고 있지요. 이래서는 아무리 간절히 원해도 현실화되지 않습니다.

지식 단계에 있는 사람은 메타무의식 중 누군가가 방법을 가르쳐주기를 기다리는 절차 중시형 또는 다른 사람을 기준으로 행동하는 타인 기준형입니다. '이걸 하고 싶어, 저걸 하고 싶어'라며 이것저것 소원을 말하지만, 내면과 현실 사이에 벽이 있어 긍정적으로 생각해도 잘 안 풀리기 일쑤입니다. 이 벽에 가로막혀서 소망이 현실로 이루어지지 않는 상태이지요.

여기서 한 단계 올라가면 '직감 단계'가 됩니다. 여전히 눈앞에 벽은 있지만 곳곳에 통풍구가 있습니다. 바라는 바를 말하면 그 너머로 조금이나마 소리가 새어나갑니다. 미미하지만 목소리가 밖에 닿기 때문에 조금씩, 천천히 원하는 대로 현실이 만들어집니다. 메타무의식으로 말하면 절차 중시형에서 선택 중시형으로, 타인 기준형에서 자기 기준형으로 조금씩 바뀌어가는 상태입니다. 원하는 대로 잘 풀릴 때도 있지만 실패할 때도 있습니다.

직감 단계에 있는 사람에게 "오늘은 성공했는데 이유가 뭔가요?" "어제 실패했을 때는 무엇이 잘못되었던 걸까요?" 하고 물어봐도 "글쎄요. 어쩌다 보니……"라고밖에 대답하지 못합니다. 완전히 직감에 의지하는 상태이지요. 하지만 지식 단계에 있는 사람처럼 "○○ 씨가 그렇게 말했는데"라는 변명은 하지 않습니다.

"뭐라고 표현하긴 어려운데 '왠지' 그런 것 같아."

다른 사람에게 설명하긴 어렵지만 그 사람의 내면에서는 현상을 직시하고 있습니다. 이 부분이 핵심입니다. 다시 말해 본래 자기 모습을 되찾기 시작한 것입니다. 비행기에 빗대자면 막 이륙해서 붕 떠오른 상태겠군요.

◆ 내면과 현실 사이에 벽이 없어야 한다

마지막은 가장 상단에 있는 '믿음 단계'입니다. 글자 그대로 외부 정보를 진심으로 받아들이고 원하는 바에 따라 움직이는 상태입니다. 눈앞을 막아선 벽은 허물어져 발밑 땅과 하나가 되어 있습니다. 꿈을 말하면 신기할 정도로 현실이 바뀌는 단계이지요. 메타무의식으로 말하면 완벽한 선택 중시형이자 자기 기준형인 것입니다.

"어째서 이 방법이 잘 될 거라고 생각하나요?"라고 물으면 "A가 이렇게 되면 B는 이렇게 되니까 C라는 결과로 이어질 거예요"라고 근거를 들어 논리적으로 설명하지요. 다른 현상으로 빗대어 설명하는 사람도 많습니다. 앞에서 비유한 비행기 이륙 같은 표현을 많이 한다는 말입니다. 비유를 잘한다는 것은 그 사람이 그 일의 본질을 꿰뚫고 있다는 증거입니다.

믿음 단계에 있는 사람은 "왜 그걸 하고 싶나요?"라는 질문을 받으면 "이런 이유로, 이런 목적으로, 세상에 이런 가치를 주고 싶어서"라고 명확한 목표를 밝힙니다. 성공한 사업가들이 같은 질문을 받으면 이렇게 말합니다. 자신이 하고 싶은 일을 구체적으로 그리고 있는 것입니다.

제 강의에서는 참가자가 '믿음 단계'로 옮겨갈 수 있도록 재미있는 훈련을 시행하고 있습니다. '이거야말로 내가 하고 싶은 일!'이라고 주저 없이 말하는 연습입니다.

◆ 말이 안 되는 소원도 주저 없이 말하는 연습

제가 워밍업으로 자주 하는 훈련은 터무니없는 사업 소재로 "나는 꼭 이 사업을 하고 싶어!"라고 선언하고 다른 사람들 앞에서 그 이유를 설명하는 것입니다.

얼마 전 있었던 강의의 주제는 '콧김 대화'였습니다. 콧김만으로 대화하는 방법을 가르치는 사람이 되었다고 상상하고, 자신이 왜 이 사업을 하는지 발표하는 시간을 가졌지요. 말이 안 되는 설정이기에 정답도 오답도 없었습니다. 상상력을 동원해 자유롭게 이야기할 수 있도록 했습니다.

"음······. 콧김 대화의 훌륭한 점은 말이죠. 맞아요, 역시 다른 사람과 눈을 맞추지 않아도 된다는 점이에요. 원래 저는 심하게 낯을 가리는데, 집에 틀어박혀 콧김 훈련을 거듭한 덕분에 지금은 일곱 가지의 콧김 기술을 익혀서······."

"콧김으로 뉴스를 전달하는 콧김 아나운서 육성에 힘쓰고 있습니다. 숨을 구분해서 쉬는 것으로 섬세한 감정표현도 가능합니다."

"꽃가루알레르기 때문에 콧김 대화에 어려움을 겪는 분들을 위해 콧김 통역가를 길러내고 싶습니다."

모두 억지로 갖다 붙인 이유를 설명하기 시작했습니다. 처음에는 말문이 막혔던 사람도 제가 질문을 거듭하자 점점 달라져서 당당하게 가슴을 펴고 손짓, 발짓까지 섞어가며 콧김의 유용함에 대해 열변을 토하기 시작했습니다.

이 훈련을 진행한 후 "그럼 자신이 정말로 하고 싶은 일을 설명해볼까요?" 하고 다시 질문하면 모두 달변가가 되어 말하기 시작합니다. 이런 변화가 일어나는 이유는 '바보 같아 보이겠지만 하고 싶은 일을 말해도 괜찮아'라고 뇌에 입력했기 때문입니다. 4장에서 소개한 '부모를 선술집 메뉴에 빗대어보기' 훈련과 똑같이 제한을 없앤 결과입니다. 직감 단계에 멈춰 있는 사람을 믿음 단계까지 어떻게 이끌어가느냐가 열쇠입니다.

자기를 기준으로 살아가는 사람 중에서도 인생을 살아가는 이유를 두루뭉술하게만 생각하고 세세하게 고민해보지 않은 사람이 많겠지요. 그렇다면 꼭 이 훈련을 해보시기 바랍니다. 자기 입으로 목소리를 내어 말하면서 뇌가 충분히 이해하도록 만들면 "아, 듣고 보니 그렇게 하고 싶네!" 하고 자리에서 일어나 그 방향으로 나아가기 시작합니다.

이 훈련은 실제로 사람들 앞에서 하는 것이 바람직하지만 혼자 해도 상관없습니다. 스스로 생각해도 웃음이 터질 만큼 터무니없고 바보 같은 사업 아이디어를 소재로 실천해보세요. 여기까지 왔다면 현실이 바뀌기 시작할 때까지 앞으로 단 한 걸음 남았습니다.

6

머릿속 부모를 다시 키우면

현실의 부모도 바뀐다

부모와 닮을 수는 있어도
같을 수 없다

드디어 마지막 단계입니다. 여기까지 훈련을 진행하면서 어떤 변화가 있었나요?

"부정적인 믿음이 완전히 사라져서 눈앞이 밝아졌어요!"
"살아가는 이유를 찾았어요!"

이런 상태에 도달했다면 더할 나위 없이 기쁘겠습니다. 그러나 '아직 개운하지 않아' '완전히 사라졌다고 생각했는데 시간이 지나면 또 부정적인 생각이 떠올라' 하는 사람들도 있겠지요. 그런 사람들은 이렇게 말합니다.

"부모에게 유전적으로 물려받은 건 어쩔 수 없잖아요?"

'유전이니까 어쩔 수 없다.' 당신은 이 말을 듣고 어떤 기분이 들었나요? 어쩌면 어떤 기억이 떠올랐을지도 모릅니다. 어릴 적, 명절이나 여름방학 때 친척이 모이면 이런 말을 하는 어른이 있었던 것입니다.

"점점 엄마를 닮아가네. 특히 입 주변이 똑같아."
"이 장난꾸러기. 너희 아빠도 어릴 때 그랬어."

어릴 때는 많은 사람이 '부모와 닮았다, 닮지 않았다'라는 기준으로 평가당합니다. 말하는 쪽은 별 생각 없지만 듣는 쪽은 의외로 잊지 못하는 법이지요. 그리고 그 기억이 부정적인 감정과 함께 얽히면 성가신 일이 됩니다. "아이고, ○○는 아버지의 안 좋은 점만 닮았구나"라는 말을 들으면 '아, 아무리 노력해도 안 되는구나' 하는 무력감이 뇌에 뿌리를 내리고 맙니다.

◆ '유전은 어쩔 수 없다'는 모두 옛말

유전이라는 개념을 발견한 사람은 그레고어 요한 멘델^{Gregor Johann}

Mendel입니다. '멘델의 유전법칙Mendelian genetics'으로 널리 알려져 있지요. 멘델은 3만 그루가 넘는 완두콩을 키워 세밀히 관찰한 결과, 줄기의 길이나 콩깍지 색 등이 다음 세대에 일정한 패턴으로 이어진다는 사실을 발견했습니다. 그 연구 내용이 정설이 되어 우리는 부모와 자신이 가진 공통적인 특징을 발견하면 '유전이다' '피는 못 속인다'라고 믿게 된 것입니다.

그 후 DNA(데옥시리보핵산)가 발견되자 이번에는 DNA의 주요 성분인 염기서열에 저장된 정보가 다음 세대로 이어진다는 사실을 알게 되었습니다. 이 염기서열에는 유전정보를 전달하는 부분과 전달하지 않는 부분이 있고, 전달하지 않는 부분은 외부 자극으로 수정할 수 있다는 연구 결과가 나오기 시작했습니다.

NHK 스페셜 〈시리즈 인체Ⅱ 유전자〉라는 텔레비전 프로그램에서는 'DNA 스위치가 바뀌면 유전자의 움직임이 달라진다'라는 놀라운 구조가 소개되었습니다. 특히 운동을 함으로써 DNA의 메틸화methylation가 촉진되어 DNA 스위치가 바뀐다는 사실이 확실히 밝혀졌지요. 그동안 운동은 당뇨병, 심근경색, 암 등의 병을 예방하고 증상을 완화하는 효과가 있다고 알려져 있었는데, 그 원리가 과학적으로 입증된 것입니다.

메틸화란 염기서열의 특정 부분에 영향을 주어 '유전자의 발현을 조절'하는 현상입니다. 이 점을 이용해서 유전자 이상이 원인인 암 등의 질병 치료제가 이미 개발되고 있습니다. 이 연구 결과로 알 수 있는 사실은 'DNA의 스위치는 쉽게 바뀌지 않는다'라는 정설이 이미 옛말이라는 것입니다. 그러므로 '부모와 닮아서 ○○하다'가 입버릇이라면 그 믿음을 버립시다.

◆ 과학적으로 입증된 이미지 트레이닝 효과

실제로 운동하지 않고 머릿속으로 운동하는 상황을 상상하기만 해도 뇌의 운동영역과 체성감각영역somatosensory area(피부 같은 몸의 바깥쪽에서 아픔, 온도, 접촉 감각 등의 감각을 인식하는 대뇌 피질의 한 부분--옮긴이)이라고 불리는 영역이 활성화된다는 연구 결과가 있습니다. 저는 이 연구 결과에 관심이 많습니다. 손가락 운동을 상상하면 손가락과 관련 있는 영역이 움직이고, 다리 운동을 떠올리면 다리와 관련 있는 영역이 움직인다고 합니다. 운동선수들이 실천하는 이미지트레이닝은 바로 이를 응용한 방법입니다.

이 분야에서 잘 알려진 실험을 하나 소개하겠습니다. 하버드대학교의 알바로 파스쿠알 레오네Alvaro Pascual Leone 교수진이 1995년에 발표한 연구입니다. 파스쿠알 레오네 교수는 먼저 한 번도 피아노를 쳐본 적 없는 여러 명의 피험자에게 같은 과제 곡을 주고 5일 뒤에 실제로 쳐보라고 했습니다. 이 실험에서 피험자는 다음 세 그룹으로 나뉘었습니다.

A그룹: 5일 동안 진짜 피아노로 2시간 연습

B그룹: 5일 동안 이미지트레이닝만으로 2시간 연습

C그룹: 아무 연습도 하지 않음

이 세 그룹에 어떤 차이가 나타났는지 조사한 결과는 다음과 같았습니다.

A그룹: 연주 실력 향상

B그룹: 연주 실력 향상(A그룹이 3일 연습한 수준)

C그룹: 연주 실력에 변화 없음

아무런 연습을 하지 않은 C그룹의 결과는 당연한지도 모르겠습니다. 반면에 B그룹은 5일 동안 건반 사진을 보고 이미지트레이닝만 했는데도 실제 피아노로 3일 동안 연습했을 때와 비슷한 수준의 성과를 나타냈습니다. 게다가 연주한 후에 손가락을 움직이는 신경세포의 움직임을 측정했을 때 A·B그룹 모두 신경세포의 기능이 향상되었다고 합니다.

실제로 피아노를 치지 않아도 머릿속으로 손가락을 움직이는 상상을 반복하면 뇌는 '나는 이런 운동을 하는 사람이다. 이것은 현실이다'라고 인식하는 것입니다. 그리고 그 움직임에 대응하는 운동신경이 발달합니다. 이 상태에서 실제로 손가락을 움직이면 뇌가 기억한 대로 손가락을 움직일 수 있게 됩니다. 이것이 뇌의 믿음입니다.

저는 주로 말로써 메타무의식에 영향을 주는 방식을 사용하는데, 하버드대학교 실험에 따르면 제 치료법에 상상하는 힘을 더할 경우 더욱 높은 효과를 기대할 수 있습니다. 먼저 문장(말)으로 시나리오 같은 것을 만들고 손그림 등으로 시각 이미지를 보강합니다. 그에 따라 실제로 몸을 움직여보세요. 말로 개념을 이해하고 이미지로 보강한 다음 몸을 움직여 체화하는 이 과정을 뇌가 관찰하면서 새로운 운동영역이 만들어집니다. 뇌는 몸의 새로운 움직임을 느끼면 '어라, 뭔가 시작되었군' 하고 반응합니다. 이를 반복하면 '아무래도 나에게 중요한 일인 것 같아. 정착시키자'라고 판단해서 기억해두게 됩니다. 그래서 머릿속 부모에게 접근할 때도 가능한 한 말과 함께 이미지로 떠올리는 것이 좋습니다.

당신이 사명을 갖고 인생을 걸어온 결과가 어떤 미래를 가져올지 되도록 구체적으로 그려보기 바랍니다. 대회에 출품하는 것이 아니므로 서툴러도 괜찮습니다. 내 손으로 직접 그리면 더욱 굳건한 이미지가 뇌에 자리를 잡습니다. 도저히 못 그리겠다면 사진을 콜라주처럼 잘라 붙여 표현해보세요.

◆ 머릿속 부모에게서 자신의 인생을 분리하자

상상하는 힘은 머릿속 부모에게서 졸업할 때도 도움이 됩니다. 지금까지의 훈련을 실천해서 '부모 인생과 내 인생은 다른 거야. 따로 떼어내자'라고 강하게 되뇌어도 부정적인 감정이 사라지지 않는다면, 과거의 한 장면을 영상으로 떠올리면서 부모와 결판을 지으세요. 여기서 5장에 나왔던 의사 T를 다시 등장시켜보겠습니다.

대학병원을 그만두고 일단 휴직했지만 T는 의사 외에 다른 직업을 찾지 못하고 결국 다시 복직했습니다. 본인 나름대로 '의사로서의 새로운 과제'를 만들며 의사로서의 삶을 자기의 기준에 맞게 바꾸긴 했지만, 휴직 중에는 할아버지와 아버지를 떠올릴 때마다 죄책감이 들었고, 복직한 후에도 한동안 마음이 찝찝했다고 합니다.

할아버지와 아버지 모두 도쿄대학교 의학부 출신이라서, T도 도쿄대학교에 들어가서 의사가 되는 것이 당연하다고 믿었으니까요. 그런 할아버지와 아버지에게 저항하고 싶었지만 아무 말도 하지 못한 자신이 한심해서 우울했다며 괴로운 기억을 털어놓았습니다.

자기혐오나 무력감에 짓눌린 사람이 머릿속 부모에게 접근하는 연습을 실행하면, '아무것도 못 하는 내가 이제 와서 이런 걸 한다고 뭐가 달라질까' 하는 부정적인 감정에 스위치가 켜져서 효과를 보지 못하는 경우가 있습니다. T는 할아버지와 아버지를 모두 의사로서 존경했기 때문에 더욱 '우수하지 않은 자신이 나쁘다'라는 생각에 휘둘리기 쉬웠던 것으로 보입니다. 그래서 저는 이렇게 조언했습니다.

"초등학생 때의 기억부터 고치세요. 친척 모두가 모인 곳에서 부모님이 '너도 당연히 의사가 될 거지?'라고 물어보는 장면을 상상하는 겁니다. 그때 과감하게 말하세요."

머릿속에서 초등학생으로 돌아간 T는 다음과 같이 부모와 결판을 지었습니다.

"아니요. 다들 그렇게 살아왔는지는 몰라도 저는 제가 하고 싶은 걸 할 거예요!"

몇십 년 동안 내뱉지 못하고 삼키던 말이 터져나왔습니다. T는 '부모가 원하는 대로 살던 과거'를 고치고 나서야 겨우 개운한 표정을 되찾았습니다. 참고로 머릿속 아버지는 "어디 네 마음대로 해봐!"라며 화를 냈다고 합니다.

다음은 공황장애로 힘들어하던 R의 사례입니다. 중년 여성이 히스테릭하게 소리치는 곳에 있으면 온몸에 힘이 빠져 제대로 서 있을 수도 없게 되는데, 병원을 다녀도 그 증상이 전혀 나아지지 않는다는 것이 고민이었습니다.

원인은 어머니에게 있었습니다. 어릴 적 어머니에게 심하게 혼나서 집 밖으로 내쫓겼던 공포가 뇌에 강하게 새겨져 있었던 것입니다. 중년 여성에게 반응하는 이유는 당시 어머니 모습이 겹쳐 보였기 때문입니다.

그러나 R은 "비록 상상일지라도 어머니와 말하는 건 싫어요" 하고 강하게 저항했습니다. 어머니는 몹시 기가 드센 성격이라 어른이 된 지금도 말대꾸할 자신이 없다고 했습니다. 그래서 저는 "그럼 지금 모습에서 거인으로 변신해보세요"라고 제안했습니다.

"자, 지금 당신은 키가 100미터도 넘는 거인이 되었습니다. 발밑에 작게 집이 보이죠. 집 지붕을 확 잡아 뜯으면 미니어처 피규어 같은 어머니가 보일 겁니다. 지붕을 집어올려서 하고 싶었던 말을 전부 쏟아내보세요."

지금은 아이를 낳아 자신이 어머니의 입장이 된 R. 미니어처 어머니라면 강하게 밀어붙일 수 있겠다고 생각했는지 품고 있던 모든 말을 내뱉기 시작했습니다.

"엄마 있잖아. 그때 그거 아무리 생각해도 너무 심했어."
"어린아이를 그렇게 내쫓으면 얼마나 상처받을지 생각해봤어?"
"아이를 키우는 방법이 잘못됐어!"

실제로 거인이 되는 일은 없겠지요. 하지만 뇌는 상상과 현실을 구별하지 못하기 때문에 '나는 거인이 되어서 엄마에게 복수했다'라는 기억으로 덮어쓸 수 있습니다. 실제로 R은 그 후 공황장애로 인한 발작이 멈추어 안심하고 지하철이나 비행기를 탈 수 있게 되었다고 합니다.

G도 어머니에 대해 계속 부정적인 감정을 갖고 있어 저를 찾아

온 사람이었습니다. 어릴 때 텔레비전 프로그램에서 열창하는 아이돌을 동경했던 G는 "나도 아이돌이 되고 싶어!" 하고 어머니에게 말했습니다. 그러자 어머니는 "특별히 귀엽거나 예쁜 아이가 아이돌로 선택되는 거야. 네 얼굴은 아무리 봐도 평범해"라고 말했습니다. 그러고는 깔깔 대고 웃었다고 합니다. 저도 속으로 '말이 너무 심하잖아' 하고 생각했을 정도였으니 당사자인 G는 말할 것도 없겠지요. 지금도 텔레비전에 아이돌 그룹이 나오면 어머니에게 들었던 말이 되살아나서 가슴이 조이는 듯하다고 했습니다.

다만 G는 마음속으로 어머니를 증오하지는 않으며 애정도 그만큼 느낀다고 합니다. 그래서 어머니가 죄를 인정하는 방향이 아니라, 자신이 아이돌을 목표로 하는 것을 받아들이는 방법을 택했습니다.

"엄마 말대로 나는 어릴 때부터 뛰어나게 귀여운 얼굴은 아니었어. 남자아이냐고 묻는 일도 있을 정도였으니까."

"하지만 아이돌도 화장 지우면 의외로 평범한 경우도 많대. 프로 메이크업 아티스트가 화장해주니까 그런 거야. 엄청 인기 많은 이 여배우도 데뷔할 당시에는 평범했어. 이것 봐(하며 스마트폰으로 검색한 사진을 보여준다)."

"시험 삼아 오디션만이라도 한번 가볼까? 밑져야 본전이니까."

"혹시 내가 뽑혀서 데뷔하면 집안에도 도움이 되는 거고."

이런 식으로 어머니에게 이점이 되는 부분도 섞어가며 주장했더니 머릿속 어머니는 이해해주었다고 합니다. 이렇게 평화롭게 해결되면 그보다 더 좋은 일은 없습니다. 서로에게 이득만 남는 결말을 찾는 일은 어른이 된 지금이기에 가능한 것입니다.

이상적으로는 부정적인 감정이나 사건을 머릿속 부모와 함께 웃으면서 날려버리는 것이 최고겠지요. 개그를 좋아하는 사람이라면 부모와 콤비를 이뤄서 무대에서 설전을 벌이는 장면을 상상해보면 어떨까요?

◆ 머릿속 부모를 다시 키우고 나서 생긴 놀라운 효과

5장에서는 아버지, 어머니의 인생관을 찾은 다음 자신의 인생관에 접근했지만, 지금부터는 머릿속 아버지, 어머니에게 조언하고 그들의 인생관을 고치면서 다시 키우려고 합니다.

"부모가 아이를 키우는 게 아니라 그 반대라고?"

이런 목소리가 들리는 듯하군요. 그럼 질문을 바꿔보겠습니다. 당신은 부모의 부정적인 감정을 밝혀내서 그들의 인생관을 찾았습니다. 그렇다면 어째서 그런 인생관을 가진 부모가 필요했을까요? 다시 한번 스스로 자신에게 물어보세요.

그 이유는 그런 인생관을 가진 사람을 당신의 힘으로 키우는 능력을 쌓기 위해서였습니다. '인생이 당신에게 무엇을 요구하고 있는가?'에 대한 답이기도 하지요. 인생의 과제, 즉 부여받은 역할입니다. 인생이 준비한 끊으려야 끊을 수 없는 부모라는 존재. 그들은 자식인 당신을 물리적으로 키우기도 하지만 당신에게서 훈련받기 위해 결점이 있는 상태로 나타났습니다.

따라서 세 가지 큰 결점을 가진 사람이 부모로 나타났다면 부모의 그 세 가지 결점을 보완할 방법을 찾는 것이 당신의 역할입니다. 이번에는 당신이 부모가 되어 키우는 입장에 설 차례입니다. 이 과정을 통해 부모를 발전시키는 기술을 익히면 그다음으로 자신에게 응용할 수 있습니다. 자신을 스스로 키울 수 있게 되는 것이지요. 물론 생물학적으로 부모는 부모이고 당신을 키워준 사람이지만, 머릿속에서 아이가 부모를 키운다고 해서 문제가 될 일은 없습니다.

　어버이를 의미하는 한자 친할 친[親]을 떠올려보세요. '설 립^立' '나무 목^木' '볼 견^見'으로 이루어져 있지요. 나무 위, 높은 곳에 서서 상대를 가만히 내려다보는 것입니다. 이렇듯 관찰하는 위치에 설 수 있다면 누구든 부모가 될 수 있습니다. 여기서 흥미로운 사실은 머릿속 부모를 다시 키우면 현실의 부모도 변한다는 것입니다. 제 강의를 들은 많은 사람이 '실제로 부모를 만났을 때 뭔가 이전보다 상냥해져 있었다'라고 하거나 '만날 때마다 기분 나쁜 말을 하는 사람이었는데 그러지 않았어요' 하고 살짝 들뜬 마음으로 소식을 전해주었습니다. 하지만 그것은 초능력이 아닙니다. 훈련을 통해 자신의 잘못된 믿음이 사라지면서 실제 부모를 향한 마음가짐이 달라졌기 때문입니다.

머릿속 부모를 가르칠
객관적인 목소리가 필요하다면

'부모 다시 키우기'라는 말을 듣고 별로 내키지 않는 사람도 있을 것입니다. "나는 그렇게 대단한 사람이 아니라서……"라는 약한 소리가 나올 것 같다면 다른 각도에서 접근하는 방법도 추천합니다. 한심한 자신에게서 벗어나지 못한 채 부모를 다시 키우려고 해봤자 잘될 리가 없기 때문이지요.

이번에는 강력한 조력자에게 특별 지도를 의뢰하는 방법을 알려 드리겠습니다. 세계적으로 존경받는 위인들의 주옥같은 명언으로 부모의 잘못된 믿음을 제거하는 방법입니다. 위인 지도 방법은 '제3자의 시점'에서 진행하기 때문에 스스로도 새로운 아이디어를 떠올릴 수 있습니다. 위인의 프로필이나 명언은 인터넷에서 검색해보면 셀 수도 없이 많이 나오므로 아버지, 어머니와 잘 맞을 것 같은 인물을 골라보세요.

어떤 사람을 선정하는지가 매우 중요합니다. '이 사람이 하는 말이라면 들을 거야 하는 인물이 이상적입니다. 부모가 젊었을 적 팬이었던 배우나 가수 또는 예술을 좋아하는 부모라면 예술가나 음악가도 좋겠군요. 사업에 몰두한 부모라면 정치가나 사업가가 좋을지도 모릅니다. 그렇다고 분야를 한정할 필요는 없으며 남성 위인과 어머니, 여성 위인과 아버지를 짝짓는 조합도 좋습니다.

부모가 야자와 에이키치矢沢永吉(불우한 어린 시절을 보냈으나 자수성가해서 일본 록의 원로로 자리매김한 가수―옮긴이)의 팬이라면 그에게 부탁해봅시다. 유소년기에 가난과 왕따를 경험한 역경을 딛고 성공을 거둔 사람이므로 어릴 때 힘들게 자란 부모라면 공감하기 쉬울 것입니다. "나이가 든다는 건 세포가 늙는 거지, 영혼이 늙는 게 아니야"라는 명언은 "이제 늙었지, 뭐"가 입버릇인 부모에게 들려주기 딱 좋은 말 아닌가요?

이 책에서는 위인을 통해 머릿속 부모의 믿음을 바꾼 두 가지 사례를 들어보겠습니다.

◆ 세계적인 위인이 되어 부모와 대화하기

가브리엘 보뇌르 샤넬Gabrielle Bonheur Chanel(코코 샤넬Coco Chanel)

세계적으로 유명한 패션 브랜드 '샤넬'의 창시자. 고급 여성복 외에도 주얼리, 핸드백뿐 아니라 향수도 제작했다.

샤넬은 패션계의 정점에 군림했던 여성이지만, 고아로 자라서 경제적으로 독립하기 위해 다양한 직업을 전전했고 젊은 시절 가수의 꿈을 접기도 하는 등 좌절도 많이 겪은 인물입니다. 그런 그녀가 '잘나가는 커리어우먼'을 동경하는 전업주부 어머니에게 조언을 해준다면 어떻게 될까요? 실제로 S의 기억 속에는 그녀의 어머니가 샤넬의 전기를 바탕으로 만든 영화를 감명 깊게 본 기억이 있었습니다. S의 어머니는 전업주부로서 스스로 돈을 버는 비슷한 나이의 친구들을 부러워하는 말들을 S에게 종종 했었죠.

어머니: 처음 뵙겠습니다. 샤넬 씨를 만나다니 정말 영광이에요. 엄청난 팬이에요.

샤넬: 당신이 나를 좋아하건 안 좋아하건 관심 없어요. 왜냐하면 나는 정해둔 목표를 이뤄야 해서 바쁘거든요.

이처럼 처음부터 쌀쌀맞은 태도를 보일 수 있습니다. 그러나 이는 다른 사람 눈치를 보느라 하고 싶은 일에 손을 놓고 있는 어머니에게 큰 깨달음을 줄 수 있습니다.

> **어머니**: 저도 샤넬 씨처럼 스스로 힘이 있는 여성이 되고 싶어요. 남편은 볼 때마다 한숨밖에 안 나와서 아이가 없으면 벌써 이혼했을 텐데…….

타인의 기준에 맞춰진 말로 자신에게 상처를 입혀온 어머니. 샤넬은 뭐라고 대답할까요?

> **샤넬**: 돈이 없으면 남자에게 의지할 수밖에 없죠. 근데 별 볼 일 없는 남자들만 꼬이는 인생은 싫어요. 지옥이나 마찬가지죠. 그래서 나는 스스로 돈을 벌기로 한 거예요.

샤넬은 이런 말을 무려 열두 살 때 했습니다. 아동보호시설과 친척 집을 전전하며 구박받았던 설움과 허무 속에서 이런 인생철학을 갖게 된 것이지요.

> **어머니**: 하지만 돈을 빈다니 어떻게요? 저는 샤넬 씨처럼 재능도 없는데.

샤넬: 돈을 버는 비결이요? 계단을 오르는 것처럼 한 걸음 한 걸음 꾸준히 노력해야죠!

조언을 기다리는 절차 중시형의 기대에 반해서 일부러 구체적인 답변을 주지 않으려고 했습니다. 동경하는 인물이 자신에게 냉담한 태도를 보이면 당장은 기운이 빠질 수 있습니다. 하지만 현재의 문제들에 갇혀 앞으로 나아가려 하지 않는 사람에게는 자신이 닮고 싶은 사람의 따끔한 직언이 분명 효과적입니다. 실제로 S의 머릿속 어머니는 '샤넬도 운이 좋아서 유명해진 게 아니라 꾸준히 노력했구나' 하고 깨달으며 부러워하던 친구들의 빛나는 모습 뒤에는 엄청난 노력이 있다고 달리 생각하게 됐죠.

◆ 위인의 목소리를 빌려 부모의 메타무의식 고치기

시어도어 루스벨트 Theodore Roosevelt

미국 제26대 대통령. 뉴욕시 경찰의 부패와 싸운 것으로 알려져 사람들이 그 용감함에 매료되었다. 러일전쟁을 끝내는 데 이바지해서, 미국인으로서 처음으로 노벨평화상을 받았다.

루스벨트는 유복한 가정에서 태어났지만 천식을 앓아 허약한 유소년기를 보냈고, 출산 직후의 아내와 어머니를 같은 날에 잃는 가슴 아픈 경험을 했습니다. 그런데도 정치가뿐만 아니라 작가, 사냥꾼, 탐험가로서도 위대한 업적을 남겼습니다. M은 그런 루스벨트를 변명만 늘어놓으며 좀처럼 행동으로 옮기지 못하는 아버지에게 데려갔습니다.

아버지: 저도 당신처럼 어릴 때 좋아했던 탐험을 하며 살고 싶어요. 그런데 일이 바빠서 좀처럼 타이밍을 잡기가 쉽지 않네요…….

루스벨트: 지금 있는 곳에서, 갖고 있는 것으로 당신이 할 수 있는 일을 하세요.

아버지: 같이 가자고 하는 친구는 있어요. 친구가 반년 후 일정을 물어봤는데 제 업무 특성상 바빠지는 시기가 확실치 않네요.

루스벨트: 누군가 할 수 있냐고 물으면 항상 '할 수 있다'라고 대답하세요. 그러고 나서 어떻게 하면 좋을지 방법을 찾아보세요.

아버지: 그렇죠. 그런데 제가 없는 동안 후임에게 모두 맡기기가 불안해서요. 실수를 많이 해서 서류는 모두 제가 확인해야 하거든요.

루스벨트: 리더와 보스의 차이가 무엇인지 아세요? 리더의 일은 다 알려져 있지만 보스의 일은 숨겨져 있습니다. 리더는 이끌지만 보

스는 밀어붙입니다.

아버지: 그렇군요. 일을 떠안는 보스에서 맡기는 리더로 바뀌면 탐험하러 갈 수 있다는 거네요. 그렇게 생각하니 할 수 있을 것 같은 기분이 들어요.

루스벨트: 스스로 할 수 있다고 믿는다면 이미 목표의 절반은 달성한 것입니다.

마지막으로 루스벨트의 명언은 M의 머릿속 아버지가 욕심을 더낼 수 있게 만들었습니다. 게다가 못 한다며 변명만 늘어놓던 결과 대기형에서 결과 행동형으로 무사히 바뀌었지요.

위인이 되어 부모를 지도하는 방법의 장점은 객관적인 시점에서 부모에게 조언할 수 있다는 점인데, 방금 소개한 예에서는 '메타무의식을 수정한다'라는 점도 더해보았습니다. '부모의 이런 면은 좀 문제가 있지' 하는 부분이 있다면 위인의 명언 중 그와 반대되는 메타무의식의 말과 행동을 찾아 조언해보아도 좋습니다.

여기서 더 깊게 들어가면 부모의 인격을 재정립하는 것도 가능합니다. 혹시 여유가 있다면 다음 두 항목도 지도해보시기 바랍니다.

- **부모의 지식이나 능력**

  무엇이 부족한가, 어떻게 하면 얻을 수 있는가?

- **부모의 자아상**

  스스로에 대한 부정적인 감정과 믿음을 어떻게 해소할 것인가?

위인의 말을 빌려 당신의 눈높이에서 조언해도 좋습니다. 그렇게 해서 부모가 다시 태어난 모습을 상상할 수 있게 된다면 부모 다시 키우기 훈련은 끝입니다.

죽기 전을
상상하는 힘

'다세계해석many-worlds interpretation'이라는 말을 아시나요? 1957년 미국 물리학자 휴 에버렛 3세Hugh Everett III가 제안한 학설로, 양자역학 분야에서 주목받아왔습니다. 게임, 애니메이션, 소설의 주제로 자주 등장하는 평행우주의 근본이 되는 설이라고 하면 이해하기 쉽겠네요.

세계는 무한대로 가지가 뻗어나가고 각각의 세계에서 '내'가 동시에 존재한다. 자신이 현재 있는 세계는 무한으로 존재하는 세계 중 하나일 뿐이다.

이렇게 생각하면 신기하지요. 2020년 미국 대통령 선거에서는 조 바이든Joe Biden이 승리했지만, 도널드 트럼프Donald Trump가 재선된 세계도 있는 것입니다. 미래의 자신을 만나러 가서 어떤 모습으로 지내는지 확인하고 싶어지지 않나요?

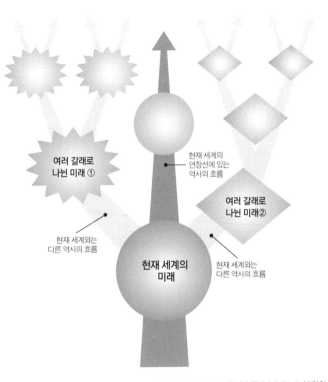

[**평행우주의 근본인 '다세계해석'**]

여러 갈래로
나뉜 미래 ①

현재 세계의
연장선에 있는
역사의 흐름

여러 갈래로
나뉜 미래②

현재 세계와는
다른 역사의 흐름

**현재 세계의
미래**

현재 세계와는
다른 역사의 흐름

출처: 〈월간 Newton〉, 〈무(無)란 무엇인가〉(2019년 5월호)

♦ 미래 시점에서 출발하는 '기억의 역주행'

지금까지 훈련하며 상상한 세계도 말하자면 평행우주를 기반으로 합니다. 부정적인 감정과 부정적인 믿음의 바탕이 된 머릿속 부모를 지도해서 다시 키우면 머릿속 부모가 다시 태어납니다. 다른 사람이 된 아버지, 어머니 밑에서 자랐다면 '나는 초등학생 때 어떤 경험을 했을까? 중학생 시절은 어떤 느낌이었을까?' 이렇게 새롭게 상상하면서 기존의 기억을 덮어봅니다. 그런 부모 밑에서 바람직한 유년 시절, 청년 시절을 거쳐 어른이 된 당신은 지금 어떤 생활을 하고 있을까요?

예를 들어 현재 직업은 영업사원이지만, 어릴 때 부모가 사주지 않았던 게임기를 사준 것을 계기로 프로그래밍에 흥미가 생겨 게임개발 관련 일을 하고 있을지도 모릅니다. 게임쇼에서 만난 해외의 친구들과, 전 세계의 게임 애호가가 모이는 SNS에서 새로운 게임 아이디어를 서로 나누고 있었을지도 모릅니다.

하지만 '현재의 자신과 동년배의 나'를 상상하는 것에 그치면 안 됩니다. 이번에는 더 나아가 5년 후, 10년 후, 20년 후를 상상하며 미래를 들여다보세요. 그러고 나서 곧 수명이 다할 듯한 수십 년 후의 미래까지 찾아가 죽음을 맞이하고 있는 자신을 상상합니다. 병원 침대 위에 누워 있을 수도 있고 집에 있을 수도 또는 어딘가 여행지에 있을 수도 있겠지요.

장소를 떠올렸다면, 이제 다음 날에 인생의 막이 내린다고 상상하고 그곳에서 과거를 돌이켜봅니다. 지금까지의 인생이 어땠는지 말이지요.

'업무 경력 부분에서는 이런 느낌이었지. 개인적으로는 어땠더라. 인간관계는 괜찮았나?'
'친구와 휴일에 함께 취미를 즐겼던가. 주위 사람은 나를 어떻게 평가했을까?'

이것은 현재의 당신에게는 미래지만 임종 직전을 상상하고 과거를 돌아본다는 점에서 '미래 시점에서 역주행'하는 정말 재미있는 경험입니다.

죽음 직전의 시점에서 생각해보면 스스로 놀라울 만큼 구체적인 이미지가 떠오릅니다. 저는 이 훈련을 통해 '더 많은 사람의 고통을 덜어주세요' 또는 '이 세상에 웃음을 더 많이 선사하세요'라는 메시지를 찾았습니다. '어떻게 살아야 후회 없는 인생을 살 수 있을까?' '주위 사람들이 나를 어떻게 평가했는가?'라는 상상에서 거슬러 올라가니, '이 일을 못한다면 내가 후회하겠구나' '이런 행동 때문에 나를 그렇게 평가했구나' 하는 깨달음으로 이어졌습니다. 그래서 지금도 아침에 눈을 뜬 직후 그리고 잠자리에 들기 전에는 항상 미래의 기억을 여행하고 있습니다.

이 훈련을 실제 사업에 응용한 사람도 있습니다. 간사이에 있는 어느 기업 사장이었는데, 부모에게서 회사를 물려받아 2대째 운영하고 있었습니다. 아버지가 운영할 당시에는 연 매출이 70억 엔 정도를 달성했는데 현재는 50억 엔으로 줄었다며 고민을 털어놓았습니다.

"이대로 가면 금방 적자가 되고 말 거예요"

"먼저 부모를 다시 키운 후 자신이 죽기 직전으로 가보세요. 어떤 이미지가 보이나요?"

처음에는 "흐릿하게 보여요"라고 대답했지만, 아침저녁으로 빠뜨리지 않고 상상을 거듭했더니 점점 명확하게 이미지를 보았고 한 달 반 후에 다시 만났을 때는 이렇게 말했습니다.

"매출 10억 엔을 회복했어요."

연 매출이 50억 엔인 회사가 한 달 반 만에 10억 엔이라는 매출을 달성하는 것은 대단한 일입니다. "무슨 일이 있었던 거예요?" 하고 묻자 "잘 모르겠어요. 항상 하는 일이랑 크게 달라진 건 없는데"라고 대답하다가 뭔가 떠오른 듯 이렇게 덧붙였습니다.

"죽기 직전으로 가서 기억 떠올리기를 매일 아침저녁마다 했기 때문일까요? 사업 아이디어가 샘솟더라고요. 그리고 그걸 실행해봤더니 그중 70퍼센트가 좋은 성과로 이어졌어요."

죽기 전 상태에서 과거를 되돌아보는 과정을 통해 진짜 자신이 누구인지 파악하고, '이쪽으로 가자' 하고 움직이기 시작한 것입니다. 그리고 '그러려면 이만큼의 돈이 필요하겠네' 하고 뇌도 움직이기 시작했겠지요.

"재미는 있을 것 같은데 미래의 기억을 상상하기가 어려워요"라고 말하는 사람도 있습니다. 미래인데 '되돌아본다'라는 표현이 이상하긴 하지요. 하지만 그것은 우리가 과거, 현재, 미래라는 시간을 구별하는 단어를 사용하기 때문입니다. '과거의 일은 기억 속에 있지만 애초에 지금 이 시점에서 존재하지 않는 미래는 기억할 수 없다'라는 전제가 우리 안에 있는 것입니다. 그러므로 그 전제를 안 믿으면 될 뿐입니다. 끊임없이 스스로에게 질문하면 미래의 기억이 불쑥 떠오를 것입니다.

상상할 때는 억지로 짜내는 것이 아니라 '내가 죽기 직전에는 이런 느낌일까' 하고 어렴풋이 진행해주세요. 포기하지 않고 계속 상상하면 점점 이미지가 명확하게 떠오릅니다. 미래의 기억을 더듬어가면, 그곳에는 바람직한 부모에게 바람직하게 키워져 꿈에 그리던 인생을 걸어온 또 다른 내가 있습니다. 그 모습이 확실하게 그려졌을 때, 당신의 뇌는 '이쪽으로 가자. 상상에 가까워지자' 하고 움직이기 시작할 것입니다.

결국 현실은 마음의 투영물이다

"이렇게 자유롭게 살 수 있다니 충격이에요. 지금까지 뭘 했던 건
지……."

이 말은 '머릿속 부모 다시 키우기' 훈련을 직접 해본 사람들이
자주 들려주는 감상입니다. 만약 '기름이 아니라 물로 튀김을 만들
려는 사람'이 있다면 그 사람을 보고 당신은 어떻게 생각할까요?

"분명히 재료에 튀김옷을 입히고 뜨거운 물에 넣었는데 안 튀겨지
네. 앗! 수돗물이라서 그런가? 생수로 튀겨볼까. 음, 생수로도 안 되
네."

이런 사람이 있다면 "처음부터 잘못됐잖아!"라고 한 소리 하고

싶겠지요. 그러나 우리도 모르는 사이에 이와 비슷한 행동을 하고 있는지도 모릅니다.

"내 인생이 잘 안 풀리는 건 노력이 부족해서 그래. 더 노력해야 해."
"나는 운이 나빠서 잘 안 되는 거야. 좋은 기운을 받을 수 있다는 곳에 한번 가봐야지."
"나는 머리가 나빠서 잘 안 되는 거야. 더 열심히 공부해야지."

이렇게 다양한 방법으로 노력하는 사람도 있습니다. 그러나 '머릿속 부모의 함정'에서 빠져나오지 않는 한, 내 주변 현실을 변화시키는 일이나 자신의 성장, 성공, 소망을 이루는 일은 생각대로 되지 않을 수 있습니다. 메타무의식의 함정에 빠진 채로 계속 노력하는 것은 '물로 튀김을 만들자!'라며 계속 시도하는 것과 같습니다. 사람이 성장하고 변화하기 위해서는 다음과 같은 상태가 되어야 합니다.

- 어떤 종류의 잠에서 눈을 뜨는 것
- 의식, 주의력, 관찰력을 완전히 되찾는 것

즉 '각성' '깨달음'이라는 상태가 필수입니다. 이 각성과 깨달음 상태가 되면 자신에게 가해지던 제약들을 완전히 새로운 시점에서 파악할 수 있게 됩니다. 그러고 나서 자신의 한계라고 믿었던 것이 사실은 '진정한 자신'이 보낸 메시지였다는 사실을 깨닫습니다. 인생의 목표와 의미가 쇄신되며 의식이 확장되고 다양한 일이 일어나기 시작합니다.

뇌의 움직임이 바뀐다.

▼

마음 또는 감정의 움직임이 바뀐다.

▼

우리의 '가장 깊은 동기'로 이어진다.

사업이나 대인관계, 연애 또는 결혼, 건강상태 등 인생의 다양한 면에서 현실이 다시 만들어집니다. 외부 세계에서 일어나는 일은 나의 내면, 즉 정신 체계를 투영한 것입니다. 마음속에 있는 생각이 당신의 외부 현실을 만들어가기 시작합니다. 다음과 같은 생각들이 말이에요.

'스스로 받아들이지 못한 사람을 누가 받아들이나요?'

'스스로 인정하지 않는 사람을 누가 인정해주나요?'

'자신을 존경하고 사랑하지 못하는 사람을 누가 사랑해주나요?'

'스스로 소중히 여기지 않는 사람을 누가 소중히 여겨주나요?'

'자신이 하고 싶은 일에 확신이 없는 사람을 누가 믿고 따르나요?'

'스스로 함께 있고 싶지 않다고 여기는 사람 옆에 누가 남아 있을까
요?'

당신이 '나는 투자할 가치가 없는 사람이야'라고 생각하며 자신
에게 투자하지 않으면 주변 사람도 당신에게 투자하지 않을 것입
니다. 또한 당신이 스스로 자신을 인정하면 주변 사람들도 당신을
인정할 것입니다. 당신이 스스로를 존경하고 사랑해야 주변 사람
들도 당신을 사랑하게 됩니다. 당신이 자신을 소중히 여기면 주변
사람들도 당신을 소중히 여길 것입니다. 당신이 스스로 하고 싶은
일을 확신하고 그것을 당당하게 표현할 줄 안다면, 그 진심이 주변
사람들에게 전해져서 당신을 도와주고 따르는 사람이 나타날 것입
니다. 한 번 더 강조하지만 외부 세계에서 일어나는 일은 나의 내
면, 정신 체계를 투영한 것입니다.

식물이 태양을 향해 자라는 것처럼 사람은 강력한 빛에 자연스럽게 이끌립니다. 살아가며 겪을 현실을 바꾸기 위해서 그리고 인생의 흐름을 바꾸기 위해서는 자신도 모르는 사이에 휘둘리는 머릿속 부모의 함정에서 탈출해야 합니다.

자신도 모르게 만든 머릿속 부모의 함정에 빠진 채 살아갈 것인가? 그 머릿속 부모의 함정을 스스로 깨닫고 그 함정에서 탈출해 '진정한 자신의 모습' 또는 '진정한 자신으로부터의 메시지'를 깨닫고 스스로를 위한 가치관이나 믿음을 형성하며 살아갈 것인가? 어느 쪽을 선택하는지에 따라 인생의 흐름은 크게 바뀝니다.

여러분이 자신의 진정한 모습을 실현해나가고 진정한 자신으로 살아가는 참된 맛을 마음껏 맛보는 데에 이 책이 작은 도움이 된다면 더할 나위 없이 기쁠 것입니다.

마지막으로 '머릿속 부모 다시 키우기'라는 값진 깨달음과 통찰을 부여해준 약 8만 명의 강의 및 프로그램 참가자, 내담자 그리고 중요한 깨달음의 계기를 만들어준 도쿄대학교 대학원 교수님과 연구원들께 감사의 말씀을 전합니다.

옮긴이 황초롱

부경대학교 일어일문학부를 졸업했다. 대학 시절 일본 미스터리 소설에 심취하여 처음 번역가라는 꿈을 꾸었다. 글밥 아카데미와의 만남을 계기로 번역가의 싹을 틔우기 시작했으며 뿌리가 튼실하여 탄탄한 실력을 갖춘 번역가로서 자리매김하고자 스스로 '탄탄 번역가'라는 별명을 목에 걸었다. 현재 바른번역에서 출판번역가로 활동 중이며, 역서로는 《계절의 순간》이 있다.

아직도 당신의 머릿속에는 부모가 산다

초판 발행 · 2022년 10월 25일
2쇄 발행 · 2022년 12월 22일

지은이 · 하시가이 코지
옮긴이 · 황초롱
발행인 · 이종원
발행처 · (주)도서출판 길벗
브랜드 · 더퀘스트
출판사 등록일 · 1990년 12월 24일
주소 · 서울시 마포구 월드컵로 10길 56(서교동)
대표전화 · 02)332-0931 | **팩스** · 02)323-0586
홈페이지 · www.gilbut.co.kr | **이메일** · gilbut@gilbut.co.kr
대량구매 및 납품 문의 · 02) 330-9708

기획 및 책임편집 · 안아람(an_an3165@gilbut.co.kr) | **편집** · 박윤조, 이민주 | **제작** · 이준호, 손일순, 이진혁
마케팅 · 한준희, 김선영, 이지현 | **영업관리** · 김명자, 심선숙 | **독자지원** · 윤정아, 최희창

디자인 · 피포엘 | **교정교열 및 전산편집** · 상상벼리 | **CTP 출력 및 인쇄** · 예림인쇄 | **제본** · 예림바인딩

ISBN 979-11-407-0144-5 03180
(길벗 도서번호 040211)

정가 16,200원

독자의 1초까지 아껴주는 정성 길벗출판사
(주)도서출판 길벗 | IT교육서, IT단행본, 경제경영서, 어학&실용서, 인문교양서, 자녀교육서 **www.gilbut.co.kr**
길벗스쿨 | 국어학습, 수학학습, 어린이교양, 주니어 어학학습, 학습단행본 **www.gilbutschool.co.kr**

페이스북 **www.facebook.com/thequestzigy**
네이버 포스트 **post.naver.com/thequestbook**